岩波現代文庫／学術 379

新版 哲学の密かな闘い

永井 均

岩波書店

目　次

0　人生

I　自己

II 倫理

Ⅳ　言　語

0 人生

悩みのレッスン

人はなぜ生きる ⇧⇩ 唯一の光、消すのは越権

社会には個人を排除する権利があります(代表的なのは死刑)。個人が社会とうまく適合するとは限らないからです。同様に、個人には社会から自分を排除する権利があります(代表的なのは自殺)。社会が自分とうまく適合するとは限らないからです。これは人間社会の不変の原理です。でも死刑と自殺には、気づかれにくい一種の「越権」が含まれています。

変な比喩ですが、真っ暗な宇宙の中に一台のテレビだけがついているさまを思い浮かべてください。テレビの番組が社会にあたり、テレビがついていることが生きていることにあたります。どの番組も全然つまらないかもしれません。これから始まる番組が面白いという保証もありません。でも、テレビそのものを消してしまえば、ただ真っ暗闇です。もう一度つけることはもうできないのです。番組の内容と

テレビがついているということは、実は別のことです。ですから、「なぜ生きているのか」という問いは、番組の中身を超えた問いなのです。

番組のつまらなさが、テレビがついていること自体の輝きを上回ってしまう場合もありうるでしょう。それでも、つまらない番組を見ないために、その世界の唯一の光を、無限に時間の中に与えられた唯一の例外的な時を、抹殺してしまってよいでしょうか。それは一種の「越権」ではないでしょうか。

これが、人が生き続ける理由だと思います。

むなしい毎日 ⇧⇩ 中学生も「専攻」持とう

本当は、誰もがしなければならない勉強なんてそんなにはありません。たぶん、小学生の勉強だけで十分でしょう。中学生にまで一律に同じことを教えるのは、国や社会にとっては、都合がいいでしょうけど、個人にとっては迷惑なことです。与えられた勉強を与えられるがままにやれる人というのは、「順応主義的」といえるような特殊な才能があるので、そうでない人には真似をしようとしてもできないのが当然です。

ではどうしたらいいか。中学生はもう自分の「専攻」を持つべきなのです。幸い、あなたは作家になるという夢があって、物語を作ることが好きなのですから、問題はすでに解決されているとさえ言えます。まず、真剣に本格的な作品を書いてみて、できれば人に見せて批評してもらえるといいですね。互いに批評しあえる仲間ができればもっとよい。書くだけではなく、どんどん読むべきで、しかも、ただ読むだけでなく、勉強だと思ってお話の作り方や書き方の研究もしてください。

もう一つ、あなた自身について、たとえば「ただ流されていくようなむなしい毎日」について、通り一遍の解釈ではない、あなた自身にしかつかめない本質をつかんで、それを作品化することも試みてください。そういうあなた自身にしかできない勉強を通じてだけ、いま学校でやっているような勉強も、初めて自分のものとしてつかめるようになるのですよ、本当は。

付き合うとは ⇧⇩ 売買不可能なつながり

秋葉原の無差別殺傷事件の加藤智大《ともひろ》容疑者は「彼女がいない、ただこの一点で人生崩壊」と書いていたそうですね。でも、本当は「彼女」でなくてもよかったのではないでしょうか。本当に心を許せる親しい友人が、つまり、彼に「付き合って」くれる人が、一人でもいれば。

「友達付き合い」という言葉もあるように、「付き合う」ということは恋愛関係に限られるわけではないでしょう。「付き合う」ことは「性交という目的」より手前の段階なのではなく、むしろ、それを超えた何かなのではないでしょうか。

売買春というものがあるでしょう？　性交だけが目的なら、ことの善悪は別にして、そういうことが可能ではありますね。ところが、この意味での「付き合う」ことは、善悪以前に、お金で売買することがそもそも不可能なのです。「一日一万円で、僕とずっと友達付き合いしてくれませんか？」などと言う人がいたら変でしょう？　恋の場合も同じですね。現代人の生活の大枠は、金銭を媒介にした契約関係で成り立っていますが、私たちはそれを超えたもっと直接的なつながりを求めてもいるのです。それがないと、自分が何であるかがつかめないのです。

恋の場合には、このような直接的なつながりが、さらに、性交(触覚による付き合い)という他に例のない、強力なやり方で裏打ちされるのです。どうぞ、彼女との「付き合い」を楽しんでください。

大学の意義って ⇧⇩「問い」を学べる場

ときどき、高校までの勉強は嫌いだったけど大学の勉強は好きだ、という人がいます(逆の人もいますが)。同じ「勉強」といっても根本的な違いがあるからです。

高校までの勉強は(残念ながら)学問そのものというよりは、現在までのところ知られている学問の成果を理解して記憶することが中心です。歴史を例にとって説明してみます。高校までは、現在のところ史実とされている内容を記憶し、定説となっている因果関係を理解することが中心です。そのような史実はどのような手続きを経て史実とされるに至ったのか、多くの知られている史実の中から、どうしてこのような史実がピックアップされて教科書が書かれているのか、そして、過去にそういうことが起こったからといって、それが何だというのか。――といった最も肝心のところが素通りされています。

大学に入って初めて、答えではなく「問い」を、学ぶことができるのです。それと同時に、いま学者たちの意見が一致していない、最先端の論争状況を知ることができます。その二つはつながっているからです。面白いとは思いませんか。

面白いだけではありません。そのような観点に立ったとき初めて、人間とは何であり、何のために生きているのかという問いと、無味乾燥に見えた学問の営みとのつながりが、理解できるのです。大学には行ってみた方がいいと思いますよ。

なぜ働くの？ ⇧⇩ 回り道で得る知恵も

たいていの人は働くことが嫌いです。しかし、働くのが嫌で、働けなくて、結局死んでしまった人なんて、噂にも聞いたことがありません。結局なんとかなったということでしょう。

あなたは勉強も嫌いだったのではないでしょうか。でも、なんとかなったでしょう？　学校の勉強(というか学校生活)は、働くことの予習みたいなものです。あれが一応こなせたなら大丈夫です。

自分の快楽や欲望に奉仕することが遊びだとすれば、働くことは他人の快楽や欲望に奉仕することです。直接的な喜びが得られないのは当然です。しかし、そういう回り道を経由することによって、それなしには得られない知恵を授かることができます。

例えば、あなたが、ちっとも奇麗好きではないのに、掃除をする仕事に就いたとしましょう。働くことはあなたを、自分とは全く異質な、最も奇麗好きな人の観点に立つことを余儀なくさせます。それによって、自分の快楽や欲望にだけ従属していたのでは決して見えないことが見えてきます。それは、あなたを否応《いやおう》無く成長させるでしょう。

その上、多くの仕事は、学校友達との遊びの人間関係とは全く違う、新しい独特の人間関係を要求します。それがまた、あなたを成長させるはずです。働くことは、今考える好き嫌いを超えた、新しい世界を開いてくれるのです。たとえもっと嫌いになるとしても、です。

社会の闇が怖い ⇧⇩ 感覚を語る言葉を育てて

冷静かつ客観的に考えてみると、事態はそれほど悪くはないかもしれない。解決すべきさまざまな問題はあるとはいえ、歴史的に見ても地理的に見ても今日の日本ほど安全で快適な人間生活が保証されている社会は稀《まれ》でしょう。私たちはなんて運がいいのだろう、と感嘆したっていいほどです。

　ではなぜ、こんな意見があまり聞かれないかといえば、こんな「能天気な」意見にはなんの言説価値もないからでしょう。無差別殺傷事件のような、めったに起きない異常な事件が起きると、多くの識者がそれが日本の現状を「象徴」する出来事であるかのように語り、穿《うが》った診断を提示します。しかし、実のところそうした事件は何の「象徴」でもない、単に例外的な出来事であるにすぎない場合も多いのです。ではなぜ、そのような言説が多く語られるかといえば、そういう言説には商品価値がある(露骨に言えば「売れる」)からです。そういう種類の「社会の闇」のことも、よく知っておく必要があります。

　それでもなお、あなた自身が「社会の闇」にのみ込まれそうだと本当に感じるのであれば、マスコミで作られた決まり文句に頼って、曖昧な感覚に身を委ねていては駄目です。

　その感覚を語る、あなた(がた)自身の新鮮で精確な言葉を、自ら育てていく努力をしないと。人間が作り出していく闇を明るくできるのは、それを内側から精確に語り出す言葉の力だけです。

学校がつらい ⇧⇩ どうしても嫌ならやめよう

われわれはみな、子どものころからずっと、親や先生などの大人たちから、人生の道徳的な捉え方を教えられて育ちます。その基本は、嫌なことでもすべき(しなければならない)ことがある、というものです。この捉え方をみんなの心に育てないと、例えば「お酒を飲んだら車の運転をしない」といった、必要な社会規範が守られないからです。

でも、守らねばならない規範なんて、実はそんなに多くはないのです。それなのに、教えられた道徳的な捉え方が癖になって、嫌でも頑張ることそれ自体に価値があると思い込んでしまいがちなのです。頑張る根性を身につけることが将来役に立つ場合もあるでしょうけど、そんなものにそれ自体で価値があるわけではありません。その「将来」は来ないかもしれないからです。人生はそんなに長くはないのです。どんな時も、今(現在)を楽しむことを蔑《ないがし》ろにしてはならない――これは時に忘れられがちな、道徳的な教えとは正反対の、人が「すべきこと」です。

幸い、わが国では総理大臣自らがとてもよい模範を示してくれている*ではありませんか。これは皮肉ではなく、自他に甚大な損害を与えないかぎり、どうしても嫌になったら思い切って、やめる、というのはとてもよいことなのです。たまたま今回、私自身も(総理ほどではないですが)その模範を示すことになりました。この欄の回答者としての私の仕事はこれが最後になります。さようなら。

＊　この当時は総理大臣が短期間で次々とやめていた。

I 自己

第1章　〈私〉が存在することの意味

1　〈私〉であるという、他の人間たちと違うあり方をした人間が存在する

人間は動物ですから、生物学的な理由で生まれてきます。生物としての人間の一器官である脳は意識を生み出すので、脳があれば人間としての精神状態や心理状態が生まれます。ですから、世の中に人間がたくさんいて、多くの脳が意識を生み出していることは不思議ではありません。これは科学的に説明できる事態です。

しかし、一つ、不思議なことがあります。そのように意識を持つたくさんの人間のうちの一人が、なぜか、私である、ということです。多くの人間がいて、さまざまな意識や心や精神が存在するが、その中で私であるという特別な在り方をした人間はただ一人です。何がそいつにそんな例外的な在り方をさせているのでしょうか？

どのように例外的なのか？　まず、その点を考えてみましょう。

人間はみな目で世界を見ているとされていますが、実を言えば、現実に見えている目は、私自身の目だけです。他の人の目からは、現実には、何も見えません。私に見えている世界を、他人たちも同じように認知してはいるでしょうが、どのように見えているのか、その見え方は、私には永遠にわかりません。どんな目にも世界が見えているはずですが、現実に世界が見える目は、一対しかありません。

音を聞くことで考えても同じことです。現実に音が聞こえる耳は、私の耳だけです。どうして、こんな例外的な目や耳が存在するのでしょう？

殴られたときに痛いと感じる身体も一つだけです。その身体以外の身体が殴られても、現実に痛くはありません。現実に、本当に痛く感じる例外的な身体が一つだけ存在するのです。痛みを感じる生理機構は、どの身体も平等に存在しているはずなのに。この違いはどこから生じるのでしょう？

同様にして、現実に自由に動かせる身体も一つしかありません。現実に見ることができ、現実に聞くことができる。本当に痛いと感じて、実際に動かせる。これらすべてが一つに集結している特別の身体があって、その身体がすなわち〈私〉の身体です。なぜ世界の中で一つの身体だけが他の身体とは違う特殊な在り方をしているのか。

ぜ、百年前には存在しなかった、百年後にももう存在しないであろうこんな特殊な生き物が、今は存在しているのか。これが今回のテーマです。

わかりますか。誰にとっても自分の目だけが現実に見え、誰にとっても自分の身体だけが殴られると本当に痛い、……という話をしているのではありませんよ。そういう「誰にとっても」の視点に立つこと自体が本当はできないじゃないか、という話をしているのですよ。

最初に断言してしまうと、この問題を科学的に解明することはできません。また、問題が存在するだけで、解答があるわけではありません。しかし、この問題こそがあらゆる問題の中で最も重要な問題でしょう。なぜなら、宇宙の歴史において、このように例外的な在り方をしている私という人間が存在しなければ、何もないのと同じだからです。

解答不可能な問題ではありますが、しかし、ある仕方で議論することはできます。なぜなら、この問題と構造上類似した問題が世の中にいくつか存在するので、その類似性を示して、問題の構造を示すことができるからです。

2　問いの意味

たとえば、異なる性質を持った五人の人間がいるとします。異なる性質という場合の性質とは、身長、体重、見かけ、性格、心理状態、記憶、これまでの経歴など、その人の持つすべてのことだ、と考えてください。その五人だけで世界が成り立っている、つまり世界はこの五人だけしかいない、と仮定します。このような世界があって、その五人の中に、なぜか〈私〉が含まれているとします。他の四人の目からも、世界は見えているはずですが、現実に、実際に見えているのは〈私〉の目だけです。というより、一人だけその目から世界が現実に見えてしまう人間が、なぜかその世界にはいて、そういう奴《やつ》がいた場合、それがすなわち〈私〉だ、ということです（もちろん、音が聞こえる、痛みや味を感じる、その他どんなことで考えても、同じことがいえます。またこの五人がみんな他人で、〈私〉が含まれていない世界も、もちろん考えられます）。

　そうはいっても、他の四人も自分のことを「私」と言うし、それぞれが自己意識を持っているはずです。世界中の人間はすべて自分の心を持っていて、自分のことを「私」と言うのに、本物の私は一人しかいません。つまり「私」には実は二つの意味があって、一つは、他人を含めた各人がそれぞれ自分自身のことを指す「私」で、もう一つは、世界にただ一人しか存在しない、唯一現実の〈私〉である、というわけです。

いろんな人間がいる中で、なぜ、そのうちのその一人の人間が、この後者の意味での〈私〉という在り方をしているのか。別の人間が、この意味での〈私〉であってもよかったのではないか。この問いに対して、一人ひとりの持つ性質の違いによって答えることはできません。たとえば、脳や視神経の構造の話をいくら詳しくしても、この違いを説明することはできないでしょう。なぜなら他の人間にも脳や神経は存在していて、彼らにも世界が見えているでしょうから。私もまた彼らと同じ脳や神経しか持っていないのに、なぜ私だけ現実に見えているのか？　この違いはどこから来ているのか？　この問いに答えた者はまだいません。それどころか、問いの意味さえ理解できない人が多いのです。

脳や神経はみな同じだとしても、もちろん私は、他の誰も持たない特殊な性質を持ってはいます。遺伝子から顔形や指紋にいたるまで、いくらでも。だからこそ、他人たちだって、私を他の人から識別できるのですから。しかし、そのような特殊な（＝他の人と違う）性質によって、ある人間がここで問題にしている意味での〈私〉であるわけではありません。そんなことでいいなら、誰でも他の人たちと違うそういう特殊な性質を持っていますから。それなのに、たいていの人は私ではなく、みな一様に他人で、〈私〉は一人しかいません。

こうした問題を考える場合に、よくなされる議論が二つあります。一つは「複製」、もう一方は「分裂」です。

3　〈私〉が複製された場合

私と分子構造のレベルからすべて同一の複製人間が作られたとします。もちろん脳も完全に複製されています。脳は心を生み出すので、記憶や性格といった心的なものもすべて私と同じである人間がもう一人存在することになります。何もかも同じといっても、二人は別の個体ですから、立っている空間的位置は違います。だから、そのことによって、見えている風景などはもちろん違います。複製が作成された瞬間は、二人の記憶はまったく同じですが、少し時間がたてば、見えている風景が違うのですから、記憶も違ってきます。それ以前のことに関しては、記憶が同じなのですから、複製体は、私が誰にも話したことのない秘密なども、もちろん全部知っているわけです。

このまったく同じ二人の人間を仮にAとA′と名づけましょう。私はもともとAでした。そこにAとまったく同じ諸性質を持ったA′が作られたわけです。まったく同じと言ってもA′は他人ですから、A′の目から現実に世界が見えたりはしません。A′の身体を殴られても現実に痛みが生じたりはしません。さて、その後Aである私が死んでしまったとします。つまり私は死んで、複製であるA′だけが生きている状態になったわけです。

このとき、二通りの考え方があるでしょう。一つは、Aが死んでしまっても、Aとまったく同じ人間であるA′が生きているのだから、私は生きているのと同じだ、という考え方。もう一つは、Aが死んでしまえば、現実に見えたり聞こえたり痛かったり体を動かせたりする唯一の主体が、世界から消えてしまったのだから、他人から見れば私(つまりA)と同じ人であるA′が生きていても、それは私自身には関係ないことだ。つまり、私はもう死んでいる、という考え方です。

イギリスの哲学者、デレク・パーフィットが『理由と人格――非人格性の倫理へ』(森村進訳、勁草《けいそう》書房、一九九八年)という著書の中で似たようなことを論じています。パーフィットの意見は、A′が生まれた瞬間にAが死んだとすれば、A′が生きている限り、私は存在するのと同じである、というものです。

私が何か人生で実現すべき目標を持って生きているとしましょう。それの実現それ自体が私の人生の意義だとすると、私であるAが死んでも、その目標を実現するために必要なことはすべてA′がやってくれるので、私の人生の意義はまったく失われないことになります。AもA′も能力は同じだから、実現できることも同じです。そのように考えると、Aが存在することとA′が存在することのあいだに本質的な違いはないことになります。Aが実現すべきことはすべてA′が代わって実現してくれます。この「実現すべきこと」は「自分の快楽を最大にすべきである」のような利己的なものであってもかまわない点に注意してください。どんなに利己的なことであっても、A′の「己」がそれを実現してくれるからです。

逆の発想で、自殺願望のある人だったらどうでしょう。Aである私が死にたくなって、幸いにして、うまく自殺できたとします。しかし、自殺する少し前にA′が作られていたとすると、性質的に同じ人であるはずのA′はそのまま生き続けてしまうために、私は自分を殺しても自殺できないことになります。これが一つの考え方です。そんなことはなく、自分を殺せば、私の死後にもこの世界に私そっくりの奴がいるというだけで、それは私には関係ない話だ、つまり、私はちゃんと死ねる、というのがもう一つの考え方です。

4 〈私〉が分裂した場合

ここまでは「複製」で考えた場合の話です。次にもう一方の「分裂」で考えてみましょう。「複製」は、片方がコピーであるため、そっちが偽物という印象がぬぐえません。「分裂」は、ある人物が対等に二つに分裂することなので、どちらも出生の違いによって差別を受けることがありません。

この講義が終わって、あなたがそのドアから出たとき、右に行こうか左に行こうか迷うと、体が二つに分裂して二人になったとします。どちらの目も見る能力を持っています。どちらの体も痛かったり痒《かゆ》かったり感じることができます。どちらの体も自分で動かすことができます。しかし、この、どちらの目も見えて、どちらの体も痛みや痒みを感じて、どちらの体も動かせる、という言い方には、二つの意味があります。

一つの意味は、私《い》が二つの身体を持つようになる、という意味です。つまり、私は二つの体を動かすことができ、二つの体の痛みや痒みを感じることができ、四つの目から世界を見ることができる、という意味です。一つの心で、二人の感覚器官から得た情報を統合して、二つの体を動かして別々の作業を指示しなくてはならないと想像

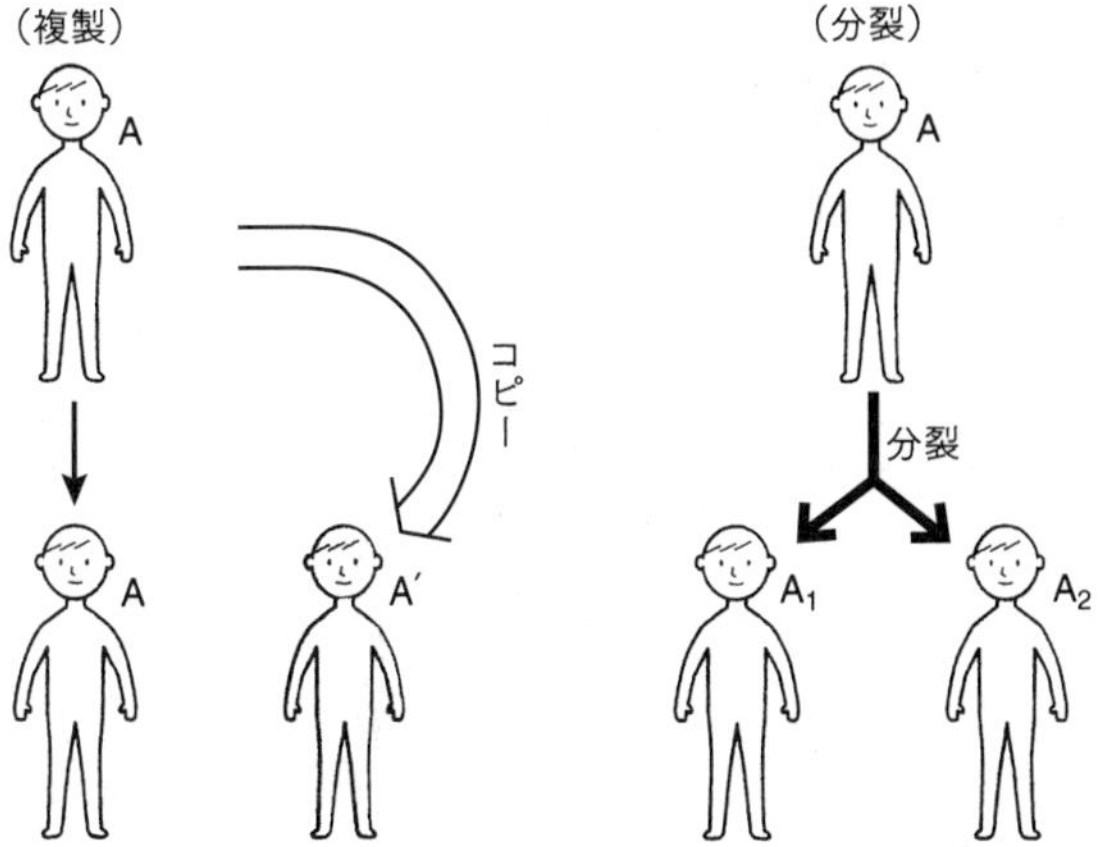

図1　私の「複製」と「分裂」

してみると、これはなかなか大変そうです。

もう一つの意味は、私はどちらか一方であって、ふつうに一人分の体だけを持っており、その一つの体だけを動かすことができ、その一つの体の痛みや痒みだけを感じることができ、その体についている二つの目からだけ世界を見ることができるのであって、分裂したもう一方の奴は、もちろん彼自身としては、見えたり聞こえたり、痛かったり痒かったり、動かせたりするでしょうけど、それは私のあずかり知らぬことである(つまり彼が本当は何も感じないゾンビであっても私には決してわからない)、という意味です。彼は、私とまったくそっくりであるにもかかわらず、私ではありません。なぜなら彼は、ここで使っている言葉づかいで表現すれば、現実に見えたり聞こえたり、痛かったり痒かったり、動かせたりしないからです（ここでの「現実に」という言葉の意味は通常の意味とは違うので注意してください）。

5　どういう場合に〈私〉は存在するのか

複製の場合も分裂の場合も、私は世界に一人しかいません。私は、なぜ世界に一人しか存在できないのでしょうか？　私である人が複数存在することはなぜできないのでしょうか？　なぜ一人しかいないのか、ではなく、なぜ一人はいるのか、という問題ならどうでしょう？

世界の中に〈私〉という特殊な存在が、なぜ一人は存在しなくてはならないのか。これには、いや、そんなことはない、と否定的に答えることもできます。世界に〈私〉がいないことは可能だからです。たとえば、百年前は、ここにいる人は誰も存在しなかったし、百年後にもたぶん誰も存在しないであろう。だから、世界に私がいない状況は過去にありえたし、未来にもありうることになります。たまたま今は存在しているけど、いないことは可能だといえるわけです。それから、たとえば、私が胎児のとき母親が中絶していたら、私は存在していない、ともいえます。だから、人類が存在して、人間はたくさんいるけど、その中に私は存在していない、ということも可能だ、といわざるをえません。そう考えると、世界の中に〈私〉という特殊な在り方をした生き物が一つだけ現に存在しているという状態は、偶然的であるといわざるをえません。必然性はありません。

そうはいってもこうもいえます。今の話は過去と未来のことで、過去や未来には確かに私はいないが、現在はもういるわけです。そして、さきほど話に出た過去や未来というのは、現在、私がいるこの世界の過去や未来でしかありえないのですから、私はもう存在してしまっています。つまり、私がいるところからしか話は出発させることができません。そういう意味では、私は必然的に存在することになります。

さて、そこで、もう一歩踏み込んで考えてみましょう。今、母親が中絶したら私は生まれてこなかった、と言いましたが、逆に考えてみましょう。つまり、母親が中絶せずに、現実の私と同じ性質の束を持った奴が生まれてきたら、そいつは必ず私なのか、と。

前に言ったように、あらゆる人間にはその人をその人たらしめている性質の束があります。だからこそ、その性質の束を持った人間をもう一人作ると、前の人とまったく同じ人、つまりその人の複製体が出来上がってしまうわけです。私にも、私たらしめている性質の束があります。でも、その性質の束を持った人がそのことで私になるわけではない、ということが、複製や分裂の思考実験の教訓でした。その性質の束を全部持った奴は、それだからといって必ず私になるわけではないのでした。ということはつまり、現実に〈私〉である、ということこの性質は、そうした普通の諸性質とは異次元の性質だ、ということになります。

この教訓をしっかり受け止めるならば、母親が中絶せずに、現実の私と同じ性質の束を持った奴が生まれてきたら、そいつは必ず私なのか、という問いに対する答えは、否、ということになります。そうとは限らない、ということです。母親から私とまったく同じ人間が生まれてきても、そいつがなぜか私でないことは可能な事態だからです。この現実世界では、そいつはなぜかたまたま私であった、というだけのこと。これが、複製や分裂の思考実験から得られた教訓だったわけです。

ということは、逆に、母親が中絶して、現実の私と同じ性質の束をもった人間が生まれてこなかったら、私は生まれてこないことになるのか、という問いに対する答えもまた、そうとは限らない、というものになります。私は誰であることもできたわけです。もちろん、誰でもないことも、です。

6　言葉で表現できない〈私〉と〈今〉

なぜ〈私〉であるような人間が存在するのか、という問題は、科学的に答えることはできない、いや、そもそも答えることはできない、と言いました。しかし、同じ構造の問題があることに気づくことによって、問題の意味の理解を深めることならできます。今まで述べてきたような意味での〈私〉の問題に類似した問題は、どんなところで生じているでしょうか？　意外に思うかもしれないが、それはたとえば〈今〉あるいは〈現在〉という時間上の在り方において、です。

〈今〉というものは、まさにこの今しかありません。もちろん、過去にもその時の「今」はあっただろうし、未来においてもその時の「今」はあるでしょうが、それらは、現実の今ではなく、その時点にとっての今にすぎません。「私」の問題で言えば、他人にとっての自分、他人にとっての「私」にすぎないのと同じことです。

たとえば、自分の過去の日記の中に「今、僕は……」と書いてあるのを読んだとすると、過去においてその時の「今」のことを言っているんだ、とすぐに理解できます。

過去なのに「今」だなんて変だなあ、なんて思う人はいません。他人が「私」と言っても変だなんて思わないのと同じことです(「私」と「今」のこういう構造上の同型性を見抜くことが重要なのです)。とはいえ、そこに書かれている「今」は、過去であって、本当の、現実の〈今〉ではない、ということは、誰でも即座にわかります。その区別がつかなくなってしまう、なんてことはありえないでしょう。

しかし、面白いことに、その区別を表現できる言語表現は決して存在しません。いいかえれば、現実の、この今だけを指す言葉は決して存在しません。「現実の今」という表現を使って区別したところで、過去や未来においても、この同じ表現は必ず使えてしまいます。「私」の場合もまったく同じです。現実に私である唯一の人間が使う「(現実の)私」と、現実には私でない他者が使う「(現実の)私」との間に、言語上の区別はないし、言語上の区別によって、この違いを——ある意味ではこれ以上ないほど重要な違いなのに——表現することは決してできないのです。

しかし、それはなぜでしょうか? ここに二つ目の「なぜ」があります。一つ目の「なぜ」は、なぜ一つだけ特別の、現実の〈今〉や現実の〈私〉が存在するのか、でした。それなのに、その特別のものと特別でない「今」や「私」とのきわめて重大な違いが、なぜ言語表現には決して反映されないのか、これが二つ目の「なぜ」です。現にぜん

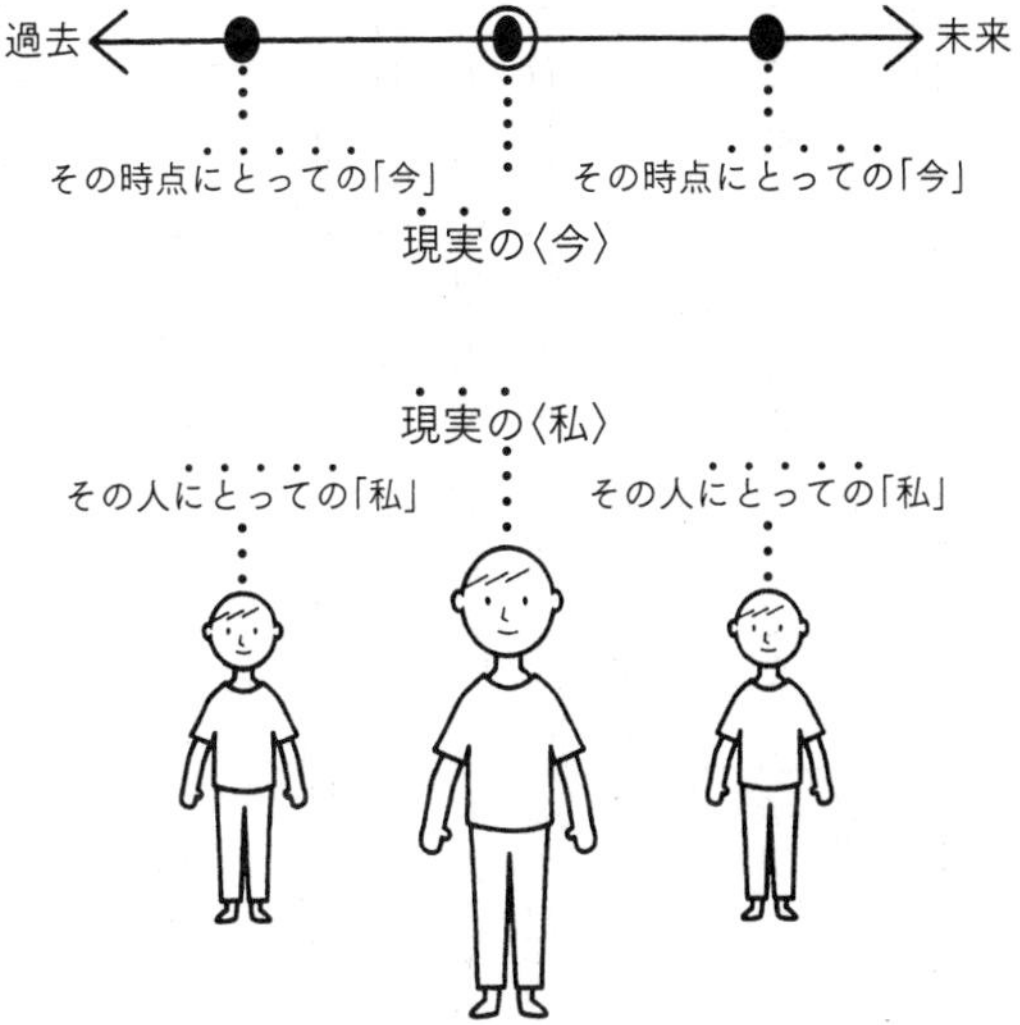

図2　〈私〉と〈今〉の関係性

ぜん違うものなのに、その現に違うというそのことが言語で表わせないのはおかしいじゃないですか。逆に言うと、この二つ目の「なぜ」はこう言ってもいい。それでもぜんぜん困らないのはなぜか、と。こんな根本的な違いを言葉で区別できなくて困ることがないのはなぜでしょうか？

この二つ目の「なぜ」の方の問題は、学問としての哲学が答えることができる、きちんとした議論が成り立つ問題です。しかし、今は時間もないので、そちらではなく、一つ目の方の、むしろ答えることのより難しい方の問題について、さらにちょっとだけ付け加えておきます。

7 〈私〉の死によって失われる〈存在〉

哲学の話なのに有名な哲学者の名前が出なかったので、最後に二人の有名な哲学者の名前を出して終わりにしましょう。

ドイツの哲学者で、『存在と時間』という本を書いたマルティン・ハイデガーという有名な人がいます。『存在と時間』の主題は、存在と死です。死とは生き物の存在が無くなること、つまり存在しなくなることです。議論のポイントは、死において無くなるものは何か、という点にあります。ここで、さっきから問題になっていた「私」の二種類の区別がきいてくるのです。

ハイデガーは、死こそが「最も自己固有」のものであると主張しました。最も自己固有とは、他者と共通性が無く、自分だけのものであるということです。これに対して、ジャン＝ポール・サルトルというフランスの、これまた有名な哲学者が、『存在と無』という本で、死が自己固有であるならばその他のすべての事柄も自己固有ではないか、と反論しました。私が今している講義も、私がいま頭に感じている痒みも、私の人生のすべてが、私にのみ固有のものであることにかわりはないだろう、と。

さてここで、先ほどのパーフィットの議論を思い出してください。私が何か人生で実現すべき目標を持って生きていて、その実現が私の人生の意義だとすると、それは「自己固有」ではないことになります。なぜなら、私以外の人でもそれを実現することができるからです。複製や分裂の思考実験を思い出せば、私以外の人でも、私とまったく「同じ」人生を生きて、私とまったく「同じ」体験を味わうことさえもできることになります。

では、私にしかできないことは何か？　それは私の人生を生きること、です。それは決して、私の人生と同じ内容を生きること、ではありません。同じ内容でいいなら、私の死後に生き残った私の複製体にだって生きられるのですから。

この違いが理解できれば、ハイデガーがなぜ死こそが自己固有だと考えたのかも理解できるでしょう。自分の死によって決定的に失われるものは何か、を考えてください。あなたとまったく「同じ」人間であるあなたの複製体や分身が生き残って、あなたが感じたであろうのとまったく「同じ」ことを感じ、あなたが生きたであろうのとまったく「同じ」人生を生きたとしても、あなた自身が死んでいれば、それは、いわば、すべてが無になった後の話にすぎません。

ハイデガーは「死」と「落命」を区別しました。通常はこの二つは重なって起きると考えられているので、区別されていませんが、いま考えたように、思考実験として、複製体や分身が生き残る場合を考えてみると、この区別が理解されます。複製体や分身が生き残って、私が実は死んでいることが誰にも知られないとすれば、これは私が死んでいるのに落命していない場合です(逆の落命しているのに死んでいない場合としては、幽霊や霊魂として生き残るような場合を考えればいいでしょう)。

他人に関しては、基本的に「落命」しかありえません。たとえ自分が愛する人が死んだとしても、それで世界が終わったりはしません。これに対して、自分の「死」は、そこですべてが終わってしまいます。舞台そのものが無くなってしまうのです。愛する人の死は、私という舞台の上で起きる大事件にすぎません。映画で言うとスクリーンの中での大事件にすぎません。自分の死の場合は、スクリーンそのものが消滅するのです。だから、「死」は、他の「落命」とはぜんぜん種類の違う出来事なのです。そういうぜんぜん種類の違うことが「死」において起こるから、「死」において無くなるものが何であるか、ということを考えることによって、初めて〈存在〉ということの本当の意味が理解できることになるのです。他のことについて考えていたのでは、存在するとはどういうことかは、決してわかりません。

　存在の本質を理解するには、私の死と他者の死を対比して、私の死においてこそ決定的に失われるものは何であるか、を考えなければなりません。「落命」は存在の内部の出来事で、そこで存在が無に帰することはないのに対して、「死」においては、存在そのものが決定的に無に帰するのです。しかし、このとき無に帰するものを、世界の中で客観的に捉えることは決してできないのです。私が死んでも、複製体や分身が生きていれば、つまり私が落命していなければ、私が無に帰したことは知られないでしょう。それと同じように、私が普通に死んだ場合でも、つまり複製体も分身も残さずに普通に死んだ場合でも、そのとき決定的に無に帰した存在は、誰にも知られないのです。なぜなら、ただ、ある人が死んだ、つまり落命した、という舞台上の出来事が起こったとみなされるだけだからです。

　誰にも知られない、そのとき決定的に無に帰した存在こそが、「最も自己固有」といわれたものです。だから、何が最も自己固有であるかは、死において何が無くなるかを考えることによってのみ明らかになるわけです。私が今している講義も、私がいま頭に感じている痒みも、……私の人生のすべてが、その中身だけ考えれば、複製体や分身に代わってやってもらうことができることなのですから、自己固有ではないのです。それらは、死において決定的に無に帰する〈存在〉ではありません。

そういうわけで、先ほど〈私〉や〈今〉が言語で表現できなかったように、ここで問題にしている〈存在〉も、言語では表現できません。言語は舞台の上の、あるいはスクリーンの中の、出来事しか表現できないからです。現に成立しているこの今こそが、本当の、現実の、今だ、ということは「今」という言葉では表現できない、どんな言葉を重ねても決して表現できない、とさっき言いましたが、あれと同じことが、ここでも起こっているわけです。

ハイデガーの用語では「存在論的差異」といいますが、存在論的差異は言語では表現できないわけです。言語は、いってみれば、この差異を消すために存在しているからです。なぜそうなのか、といえば、それは言語というものは、いわば原初の道徳であって、われわれは言語を学ぶことで、みんな同じで、私自身も一人の人間にすぎない、という道徳的な世界観に入らせられてしまうからなのですが、それは今日ここでは論じることのできない、また別の問題です。

第2章　自己という概念に含まれている矛盾

1　どういう問題か

「自己」あるいは「自我」という日本語は、「自」と「己」あるいは「自」と「我」というほぼ同義の二語からなる。そのため、「他己」あるいは「他我」という概念がつくれるようにできている。ということはつまり、「私の私」と「他の私」とが在りうる(そしてたぶん実際に在る!)ということである。

そうすると、たくさん存在することになった「私」たちの間で、私は、他己ではない自己、他我ではない自我を、つまり「他の私」ではない「私の私」を、どうやって識別すればよいのだろうか。その識別に使える目印(特徴)は何なのだろうか? ここではもはや「私」であるという目印(特徴)は使えないはずであろう。なぜなら、それはすでに他者にも在ることになったのだから。しかし、私は実際にはたくさん存在する「私」たちの間から、「他の私」でない「私の私」をあまりにも容易に識別できている。何を使って識別しているのだろうか。

「他の私」もまた在るのだとすると、それらと「私の私」とはどう違うのだろうか。「私の私」や「他の私」の、「の」の後に登場する「私」と、「私の私」の、「の」の前に登場する「私」とは、同じものなのかそれとも違うものなのか。違うとすれば、違うのになぜ同じ語で表現できるのか。同じだとすれば、なぜ「私の私」という同語反復表現や、「他の私」という矛盾表現(これはつまり「私のではない私」という意味であろうから)が可能なのであろうか。

同じことをこう表現してもよい。「他己」や「他我」という表現と対比された場合、「自己」や「自我」という表現に登場する「自」は、もはや「己」や「我」を意味することはできない(それらは他己にも他我にも在るのだから)とすれば、それはいったい何を指しているのか。逆に言えば、「自己」や「自我」と対比されたとき、「他己」や「他我」に登場する「己」や「我」は、もはや「自己」や「自我」の意味ではありえないとすれば、いったい何であるか？

同じ問題をまたこう表現することもできる。他己もまたそれぞれ自己を持つのであれば、あるいは他我もまたそれぞれの自我を持つのであれば、「自己」および「自我」

という概念には両立しえない二つの意味が含まれていることになるだろう。すなわち、自己だけが持つ「自己」と他己もまた持つ「自己」、あるいは自我だけにある「自我」と他我にもまたある「自我」、という二つである。そしてふたたび、他己の「自己」、他我の「自我」もまたありうるのだとすると、それらのたくさんの「自己」や「自我」たちのうちから、他己の「自己」や他我の「自我」ではない、自己の「自己」、自我の「自我」を識別するには、何を目印にすればよいのか。ここではもはや「自己」や「自我」であるという目印(特徴)は使えないはずなのだから。

ここでは、たとえば「自己の自己だけが直接的に捉えられる」といった、直接性、現前性を使った答え方は役に立たない。なぜなら、誰もがそう言いうることを誰もがすでに知っている(ことこそが「他己」「他我」概念の承認の意味であろう)から。「しかし(言いうるかどうかではなく)実際にそれを持つのはこの私だけだ」云々もまた役に立たない。ふたたび、誰もがそう言いうることを誰もがすでに知っている(ことこそが「他己」「他我」概念の承認の意味であろう)から。ここではまた、他己・他我に関する懐疑論(他人には実は意識がないかもしれないが私には確実にある云々)も役に立たない。これまた、誰もがまったく平等にそう主張する権利がある(ことをすでに知っているということこそが「他己」「他我」概念の承認の意味であろう)から。*

＊　この懐疑論に関連するもう一つの論点は、懐疑論一般に妥当するものである。一般に懐疑論はその懐疑が妥当でなかった場合には何が成立しているかはすでに分かったものとして立てられる。この場合で言えば、他人の意識や他己や他我が存在するとは何が存在することなのかはすでに分かっていることが前提になっている。そうであれば、当初の問題はやはり増えも減りもしないだろう。

問題のポイントは、なぜ同じ概念が二度、異なる機能を果たして使えるのか、にある。つまり、この「同じ」と「異なる」の関係にある。しかし、このように捉えると、すでに「私」という語の使用において同様の問題が生じていると言わざるをえないことに気づく。

①　私が語る「私」と他人が語る「私」とは同じ意味であろうか？
②　違う意味だとすれば、違う意味なのになぜ同じ語で表現できるのか？
③　同じ意味だとすれば、違うもの（私と他人）をなぜ同じ意味の語で表現できるのか？

この問題を解決する（矛盾を解消する）には二つの方向があり、しかもおそらくはその二つが連動する必要がある。この論文はそのことを示すためのものである。

2　他己もまた自己である

まず、同じ概念を二度使っているのではない、という考え方がありうる。私を含めて各人が使う「私」はそれぞれ各人の自己意識を指しているのだが、私自身の「私」は、私であるその人の自己意識を指すのではなく、少なくともそれだけではなく、それ以前に、そもそもただ一つしか例がないものを指している、そのような違いがあるのだ、というように。実際、他人たちの「自己」は、世界の中に他のものと並んで存在するその人という客観的なものを(たまたまその人自身が)指しているにすぎないが、私の「自己」は、そういう機能以前に、それしかない(他のものと並列されるということがそもそもありえない)唯一のきわめて特殊なものを指している、といえる。

任意のものが意識(という世界を表象する機能)を持ち、それがその意識自身を意識する(つまりその表象機能自体を表象する)としても、その事実が客観的事実の一つとして成立しているだけなら、それは私の自己意識ではない(つまり反省「意識」を持ってもそれだけでそいつが「私」になるわけではない)、とみなすことができる。他者の自己は反省性によって成立するが、自己の自己は独在性によって成立する、と。

これは一つの理のある考え方である。だが、しかし、そのこともまた、誰についてもいえるのではあるまいか。現にいま、私がこのように言って他者の賛同を求めていることから見ても、私はまったく同じことが他者にも成り立ちうることをすでに認めているのではあるまいか。

ということはつまり、私以外の人もまた各々においては、「私」によって、「そもそもただ一つしか例がない(他のものと並列されるということがそもそもありえない)きわめて特殊なもの」を指している、と考えなければならない。そうでなければ、およそ自己意識などというものは成立しえない、といえるのではあるまいか。

これもまた一つの理のある考えであろう。実際、誰であれ自己自身を他のものから識別する際にはいかなる目印(たとえば顔)も使う必要はなく、逆に言えば、いかなる目印も(たとえば内観によってのみ近づきうる特徴やあるいは特定の記憶でさえも)その持ち主が他者でなく自己であることの証拠としては使えない。もし現に内観ができるのであれば、内観によってのみ捉えられうるその特徴の如何にかかわらず、(そもそも内観はその一つしかないのだから)それは自己であり、もし現に記憶が持てているなら、その記憶の内容の如何にかかわらず、(およそ記憶はその一連のものしか存在しないのだから)それを持つのは自己である。

対象であれば、それの持つなんらかの特徴によってそれを見分ける(同定する)ことができるのでなければならないが、自己はそれの持つ特徴によっては自己であると見分けることができない。ある特定の記憶を持っていることによってさえ、それだからそいつが自己であるとは見分けられない。どんな記憶であれ、その内容に関係なく、それが現に思い出されている(覚えられている)ことだけが、思い出している(覚えている)その者を自己とするのである。

さらに問題をラディカルにするなら、「自己である」という特徴についても同じことがいえる、とさえいえるであろう。任意のものが意識(という世界を表象する機能)を持ち、それがその意識自身を意識する(つまりその表象機能自体を表象する)としても、つまりその意味での一個の「自己」が成立していても、それが客観的事実の一つとして成立しているだけなら、それはどこから見ても他者の自己(つまり他己)であって、自己は成立しない、とみなすことができるからである。

およそ自己が成立するために必要なのは反省性ではなく独在性である。誰であれ、自己を他己から見分ける際には決して誤ることがない(他己を自己と誤認したり自己を他己と誤認したりできない)のは、そもそも自己と他己が並列されておらず、自己が並列者のない(ウィトゲンシュタインの表現を借りれば「最も重要な意味で隣人を持たない」)在り方をしているからでしかありえない。そもそも同種のものが一つしか存在していない(もっと強く言えば、同種であれ異種であれ、そんなこととは関係なく、そもそもそれしか存在していない)のだから、何かと「取り違える」ということがもともと不可能なのである。ちょうど世界(「森羅万象」という意味での)を他の何かと取り違えることが不可能であるように。しかし、そのこと自体は、自己概念の特徴なのであるから、あらゆる自己についていえるのでなければならないことになる。

これは、今度は全体としてパラドクシカルな事態である。なぜなら、もしそうだとすると、ただ一つしかありえないものがたくさんある(並列できないはずのものが並列している)ことになるからである。しかし、自己という問題を偏見なく見るなら、いずれにせよこのような事態に陥ることは避けることができない。ここでは、並列的に見る見方は世界を超越する神の視点であり、その視点を取り入れることによって、一つの世界の中に複数個並立する独在性はもはや独在的なあり方を維持することができずに反省(自己意識)というあり方に変換されることになる。ただし、ここではそれはまだ抽象的可能性にすぎない(これを具体化するのは「5　自己もまた他己である」で登場する口の存在である)。

もちろん、こんな事態は成立していない、とどこまでも言うことはできる。一つの観点からいえば、ここにはパラドクスも矛盾もなく、複数の同種の自己が存在するだけである、と言えるし、もう一つの観点からいえば、ここにはパラドクスも矛盾もなく、私と他人というまったく種類の違うものがただ存在するだけだ、と言えるからである。ところが、不思議なことに通常はむしろ、この二つの、両立しえないがそれぞれすっきりした見方はなぜか一つにまとめられ、むしろ矛盾を含んだ世界観が採用されているのである。

3　カントの「存在論的証明」批判と志向性の問題

聊《いささ》か意外なことだが、この問題を考えるに際して最も参考になるのは、アンセルムスからトマス・アクィナス、デカルトらをへてカントにいたる、神の「存在論的証明」をめぐる議論である。しかしここでは途中経過は省略して、カントが『純粋理性批判』において存在論的証明を批判するために提示した、「存在はレアールな述語ではない」(A598/B626)という主張に論点を絞ろう。これは、何かが「存在する」ということはそれが「何であるか」を規定する「レアール(事象内容的)な述語」には属さないということを主張している。周知のようにカントはそれを「百ターレル」の比喩によって説明した。頭の中で考えているだけの「可能的な百ターレル」と現実に存在する「現実的な百ターレル」の間には、事象内容における差異はない。というのは、もし差異があったなら、頭の中で考えていたのとちょうど同じものが存在すると言えなくなってしまうからである。だから、可能的な百ターレルが現実に存在するようになったとしても、そこに新たな事象内容が付け加わったわけではない。

自己と他己（「私の私」と「他の私」）のあいだの差異も、この差異と同種のものと扱うべきものである。私が二つに分裂するという思考実験は、このことを明らかにしている。私が二つに分裂した場合、分裂後になぜか私である人となぜか私でない人のあいだには、事象内容的な差異はない。というのは、もし差異があったなら、この思考実験の趣旨に反して、同じ一つのものが二つに分裂して同じものが二つ存在していると言えなくなってしまうからである。だから、なぜか私であるという事実の成立には、いかなる新たな事象内容も付け加わっていないはずなのである。

ところで、この「頭の中で考えていたのとちょうど同じものが存在する」という関係は志向的関係といわれるものの特徴でもあり、この観点から見ると、自己と他己、私と他の私の関係は、言語のもたらす志向的関係を基盤にしている、といってもよい。すなわち、自己から見て他己とは、つねに充実を欠いた単なる志向であるという側面を持つことになる。

ところで、「現実に存在する」という述語もまた、そういう述語となってしまえばすでに「レアール(事象内容的)な」述語である。ここで、レアールな水準に落ちないアクトゥエルなものを確保するには、述語を超えた水準が要求されることになる。カントの場合ならそれは感性である。しかし、感性的であることも「感性的」という述語に落とされるため、この問題は最終的には言語で語ることができない。つまり、アクトゥエルな事象はレアールな事象に変換されなければそもそも「問題」としてさえ提示できず、アクトゥアリテートとレアリテートのあいだの差異はレアリテート内部の差異に吸収されざるをえない運命にあるわけである。自己と他己における「己」の前の「自」の示す差異性、「私の私」と「他の私」において「私の私」の方にだけ登場する「の」の前の「私」の特異性もまた、アクトゥアリテートとレアリテートの差異を示すはずのものであるにもかかわらず、レアールな事象にどこまでも変換されていくのである。

自己と他己の関係を志向的関係と取る先ほどの捉え方で言えば、他己の側にもこちらからは到達できぬ充実が実は生起しているはずだとみなすとき、それは志向性内部での「充実という志向」になることになる。志向と充実の関係は、たとえば、「明日の昼にダバでカレーを食べようとする意図は、実際に明日の昼にダバでカレーを食べるという行為によってのみ充実される」などと語られるが、しかし、このように語られてしまえば、この関係はすでにしてふたたびそれ自体が充実を待つ志向性内部の関係に落とされてしまう。レアールな差異のない本来あるべき関係は、レアリテートとアクトゥアリテートとのあいだに成り立つ、すなわち、明日の昼にダバでカレーを食べようとする意図と現実に明日の昼にダバでカレーを食べるという行為とのあいだにのみ成り立つ、典型的に「語られえず、ただ示される」だけの関係でなければならない。だから、「他己」とはつねにこのような「語られうる」自己(レアリテートに回収されたアクトゥアリテート)なのである。*

* カントの場合について付言するなら、彼が感性の重要性を認識する批判期以前から、つまり実際のアクトゥアリテートの確保の仕方を発見する以前から、それとは独立に、このテーゼはすでに確立していたという点がとりわけ重要である。すなわち、この対立図式そのものはその内実が埋められなくともそれとは独立に成立し、さまざまな「埋め方」が成り立ちうるのである。ということはまた、決定的な埋め方は存在しない、ということでもあろう。

このことによって、独在性もまた一般化し、ただ一つしかありえないものがたくさんある〈並列できないはずのものが並列している〉という事態が成立する。この事態を私の用語を使って表現すれば、〈私〉はそれが「何であるか」が語られてしまえば事象内容的にはそれとまったく同じものが他にも存在しうることになり、他者もまた事象内容的には〈私〉でありうることになって《私》が成立する、ということになる（デカルトのコギト論証がひとに伝わるのもそれゆえであり、そしておそらくは「意識」という特殊な存在者の起源もまたこの事態に端を発している）*。

＊ 最後の論点については、拙著『改訂版 なぜ意識は実在しないのか』（岩波現代文庫、二〇一六年）を見られたい。

以上同様

↑

Aktualität / Realität

↑

Aktualität / Realität

↓

Aktualität / Realität

↓

以下同様

パラドクシカルに見えた事態の正体はアクトゥアリテートとレアリテートの差異とその差異が累進することにあった。累進するとは、下方に向かっては、レアリテートの内部に次々と新たなアクトゥアリテートが現れることであり、上方に向かってはアクトゥアリテートを内属させるレアリテートが次々と生じることである。その結果、まちがいなく「存在する」はずの究極的なアクトゥアリテートが、そのようなものとしては存在できないものとなる(すべてがレアリテートの内部に回収される)のである。(これは同じ存在論的証明でも「神」の場合とは逆の問題である。神の場合にはレアリテートからアクトゥアリテートへの超越ができなかったのに対して、この場合には、現にアクトゥエルに存在しているものがレアリテートの水準にどこまでも引き下げられ続けるのだから)。いや、回収され、かつ回収されない、というべきであろう。そこに矛盾(あるいはパラドクス)が生じるわけである。

4　マクタガートの時間論と反省的・再帰的自己意識の本質

ふたたび聊か意外なことだが、この種類の「矛盾」について最初に論じたのは、時間についてのマクタガートの議論であった。彼は「私(自己)」についてではなく「今(現在)」について、それが累進するがゆえに、今(現在)を含んだ時間(彼はそれをA系列時間と呼ぶ)には「矛盾」が生じ、それゆえにそれは実在しない(ところが時間とは本質的にA系列時間のことだから、そもそも時間は実在しない)と論じた。実際、「今(現在)」という概念には「私(自己)」という概念に含まれている矛盾と同じ種類の「矛盾」が含まれている(それを認めないのがB系列主義者で、先ほど提示した二つのうち「ここにはパラドクスも矛盾もなく、複数の同種の自己が存在するだけである」という主張の「自己」を「現在」に置き換えれば、その主張が成立する)。*

＊「私の私」「他の私」と類比的に「今の今」「他の今」が成立する。「今の今」の「の」の前に登場する「今」を基本とするのがA系列主義で、「の」の後に登場する「今」を基本とするのがB系列主義である、といえる。それゆえ、B系列主義では「他の今」が可能になって、それは各時点における反省性・再帰性によって保証されるわけである。したがって、この分類は「私の私」をめぐる議論にも妥当する。

アクトゥエルな「今」の持つアクトゥアリテートは、それの持ついかなるレアールな性質によっても表現できない。現に今である時はその時に成立していたいかなる事実も変えずに、ただ今でだけなくなって、過去になる。その時点で私が、それを生々しく直接体験していたなら、そのことも含めて、まったくそのままで過去になるし、「この今だけが唯一のアクトゥエルな今なのだ」と感じたなら、そのことも含めて、まったくそのままで過去になるからである。ある意味では、その時点で成立していた事実から失われるものは何もないといえる。だが、別の意味では最も重要なものが、すなわちアクトゥアリテートが、失われるのである。アクトゥアリテートが失われることがなぜそれほど重要なのかといえば、もしそれがまったくなければ、それ以外のすべてがそのまま在ったとしても何もないのと同じだからであり、それゆえそれを「存在」と言い換えることが可能だからである。*

＊　これと類比的なのは、たまたま私である人物(永井)が私ではなく単にその人物(永井)であるにすぎない状況をいま想定することである(現実の他者たちは、レアリテートにおいても異なっており、このような純化された在り方をしていない)。

ここまでの議論は、可能的な百ターレルと現実的な百ターレルのあいだにはいかなるレアールな差異もないというあの議論と本質的に同じである。しかしここに、以上のことがいかなる時点についても言えてしまう、という新たな問題が付け加わるのだ。誰であれ、その人はその人にとっては「私」であるのと同様に、いつであれ、その時点はその時点にとっては「今」であるからだ。* ここで詳述する余裕はないが、この問題場面こそがマクタガートの「矛盾」の、したがってまた「悪循環」の本質であり、当然のことながら、それは百ターレル問題には(したがってその類比が成り立ちうる限りでの「神」問題にも)存在しない。可能的な百ターレルは可能的な百ターレルにとどまり、いかなる百ターレルも現実的な百ターレルである、などということにはならないからである。

＊　興味深いことに、時間に関してA系列的直観をもつ人の方が「同様に」で示されたこの並行関係を捉えにくい傾向があるようである。百年前や来年の「今」とまさに今の「今」とを対等に見る観点に立ちにくいからであろう。だがそれは、他人の「私」とまさにこの私の「私」の関係とまったく並行的なのである。この点をより明瞭に理解するためには、それらを「ここ」と対比してみるのが役に立つだろう。東京で私が今「ここが大阪であることも可能であった」と言うとき、それはある明瞭な意味を持ってしまう。私(すなわち永井)が今大阪にいることもできたという意味である。しかし、私が「私が菅直人であることも可能であった」と言ったり、二〇一一年に「今が一九六一年であることも可能であった」と言うとき、それらはそのような明瞭な意味を持たないことが可能である。それらはただアクトゥアリテートの変更のみを意味することもできるため、その場合には、明瞭な事象内容的(レアール)差異を持ちえないからである。注目すべきなのはこの並行関係である。

この場面で対立する二種類の捉え方を(時間の場合で言えば、B系列と累進するA系列を、より正確にいえば、まだ複数の可能的な現在さえも成立していないC系列とA系列を)同一平面に重ね合わせるときに成立するのが「反省」である。つまり、同じ一つのものが独在的であると同時に並列的である状態が、並列的な世界の内部では反省的・再帰的に表象されるのである。反省的・再帰的な在り方は、独在性を内に含んでそこから成立している場合にのみ、自己を生み出しうるのである。*

＊ 実際に存在するのは、直接的には「これだけしか存在しない」という、媒介的には「他の奴らと同じはずなのに(という媒介を経た)これだけ違うぞ」という独在的な気づきだけで、文字通りの self-reflection(自己反省・再帰)というものが成立しているわけではない(公共的世界の中で他者たちに向かって再帰的に指して見せることができるような自己などというものはもともと存在しない)。同様に、実際に存在するのは、直接的には「これだけしか存在しない」という、媒介的には「他の時間と同じはずなのに(という媒介を経た)これだけ違うぞ」という独在的な気づきだけで、文字通りの self-reflection(自己反省・再帰)が成立しているわけではない(B系列時間の中で他の時点に向かって再帰的に指して見せることができるような現時点などというものはもともと存在しない)。

また、他者が他者自身(他己)を捉える「反省」(A系列とC系列のずれ方)と、私が私自身(自己)を捉える「反省」(A系列とC系列のずれ方)の違いは、累進のどの位置でそのずれが起こるかの違いである。しかしこのことはふたたびB系列的に相対化されて、どの私にも当てはまる議論に転化する。まん中の太字で書かれた Aktualität もまた一段上の Realität に吸収されるからである。

5　自己もまた他己である

並列できないはずのものが並列しているという事態に対しては、二つの捉え方が成り立ちうる。実際には並列できないものが高次の抽象的なレベルでは並列的に捉えられる、というのが一つの捉え方であり、レアリテートにおける同一性の成立を「可能的」な水準の成立と考える限り、この捉え方をせざるをえない。しかし、もしこの捉え方しかできないなら、たしかにデカルトのコギトの議論を誰もが理解するという事実はそれで説明されるとはいえるが、誰もがこの同じ現実世界の中で日常的に第一人称を使って問題なくコミュニケーションをしているのは奇異なことといわなければならない。そんなことができるためには、そのつど現実世界を超えた神のごとき視点（複数の独在性を鳥瞰する視点）に立たなければならないはずだからである。

しかしわれわれは、この可能的並列を現実世界において何の問題もなく実現している。そこには、これまでの抽象的な議論とは異なる、世界の現実的・偶然的な特徴が関与しているだろう。

誰であれ、自己を他己から見分ける際には決して誤ることがない。これは確かなことだ。しかし、レスリングで相手と足を組み合わせている場合に、出血している相手の足を自分のものと誤認すること(またはその逆)はありうるであろう。とはいえ、その種のこともまた滅多に起きない。自己の身体との、この事実的・偶然的つながりは決定的な重要性をもつ。それこそが、自己が(誤認することなく)捉える(人物以前の)自己を他者から捉えられるある特定の人物に恒常的に連結するための条件をなしているからである。

　私の体にも他人の体にも口がついており、私が決して誤ることなく自己を指して「私」と語るとき、必ず私の体の口が動く。レスリングでの足の誤認はありえても、足を動かそうとしたときに(その足が動かないことはあっても)他人の足を動かしてしまうことなどは起こらないのと同様に、「私」と言おうとしたとき(口が麻痺していることはありえても)他人の口を動かして「私」と言わせてしまうことなどは起こらない。このなさこそが、誰もがこの同じ世界の中で第一人称発言を語りかつ聞くことに何の問題も感じないことの根拠である。そのようにして、私が捉える私と他者が捉える私とは、動かせる身体と見られる身体の同一性を媒介にして、結合する。この事実によって、自己と他者とが「私」という語によって同一のものを指すことがはじめて可能になる。私が発する「私」という語によって他者はその語を発する口のついた身体を捉えるであろう。当然、他者が捉える他者自身(他己)と私が捉えるその人物に関しても、同じことが成り立つ。日常生活ではつねに、私も他者も相互に相手から可視的な身体を持っている人物を指して「私」と言っていると考えて間違いないことになるからだ。言語のもたらす(すべての事象内容化という)抽象的可能性が、偶然的事実を媒介にして現実の事実として実現しているのである。これがもう一つの捉え方である。

この段階では、自己が成立するのに必要なのは反省だけで独在性はもはや必要ない。なぜなら、独在性は、特定の身体についた口が動くことによって、その身体を持つ人物の反省のはたらきに、自然に読み換えられてしまうからである。そのことを受け入れたとき、初めて言語的コミュニケーションに入っていけるのである。

もちろん、ここにも矛盾(やパラドクス)はなお隠されてはいる。私が捉える自己自身と他者が捉える私であるその人物との一致と、他者が捉える他己自身と私が捉えるその他者である人物との一致とは、実は、同じ種類の一致ではありえないからだ。私は、私が捉える自己自身が他者から把握可能なある身体と一致していることを直接確かめることができる(ただそれのみを動かせることと、ただそれのみが感じることで)が、他者が捉える他者自身(他己)が私が把握可能なその身体と一致していることを直接確かめることはできない(彼がただそれのみを動かせ、ただそれのみを感じているかどうか、わからない)からである。* 前者は、いわばアクトゥエルな一致であるのに対して後者はレアールな一致である。しかし、この段階にいたれば、これはもはやすでに確立している客観的現実に対する単なる一つの哲学的懐疑論にすぎないとされるのである。

＊ ここから「自演の懐疑」が生じる。この問題については、拙共著『〈私〉の哲学 を哲学する』(講談社、二〇一〇年)二八二頁の注(12)を参照されたい。さらにそこから、口の個数と対応していない(すなわち身体の一個性と結びつかない)他者の非身体的な一性(Einheit)の問題が生じるだろう。この問題を考察すると、議論はふたたび前半の抽象的水準に戻ることになる。

自分とは何か——存在の孤独な祝祭

最初の問い

みなさんは、この世界にたくさんいる人間たちの中から、どうやって自分を識別していますか？　たくさんいる人間たちのうち、これが自分だとどうして分かっているのですか？　先を読む前に、ちょっとだけ考えてみてください。

たとえその問いに答えるのが難しくても、世の中にたくさんいる人間たちのうち、一人だけなぜか他の人たちとずいぶん違うあり方をしているやつがいて、なぜそんなのがいるのかは分からないけど、とにかくそいつが自分である、ということはだれでも知っていますね。しかし、その自分とはいったい何でしょうか。なぜ、一人だけ、そんな、他の人と違うあり方をした人が存在しているのでしょうか。

自分を他の人たちから識別する方法

たくさんいる人間たちのうちから、ある特定の人を識別するとき、ふつう私たちは何らかの特徴を使ってそれをしている。いちばんありふれているのは顔である。電話なら、声も使うだろうし、警察なら指紋、もっと厳密にやらなければならないときは、遺伝子鑑定なども使うだろう。

しかし、たくさんいる人間たちのうちから自分を識別するときには、そのような手掛かりは何も使っていない。顔で識別したくても、通常、自分の顔は見えない。自分なのだから、何か内面的特徴を使っていると思うかもしれないが、そんなこともしない。寂しがり屋で目立ちたがり屋で……といったように、自分の性格的特徴を使って、自分を他の人たちから識別している人はいないだろう。そんなことをしようとしても、それをしようとしているのがすでに自分だから、そんな必要はないのだ。

すでに自分であるとはどういうことだろう？　それは結局、すべては自分から始まっているということではないだろうか。寂しがり屋で目立ちたがり屋で……なのはどの人かな、と探そうとしても、探そうとしている人がすでに自分であるわけである。だから、探した結果「あ、こいつだ！」と分かるようなあり方では存在してはいないことになる。

そういう風変わりなあり方をしているやつを、他の人間から識別できる簡単な方法が、じつはある。たとえばこういうやり方だ。だれかに、たくさん存在している人間の頭を、片っ端からぶん殴ってもらおう。みんな痛がるだろう。しかし他人の頭が殴られてもじつは痛くもかゆくもない。もし、実際に痛く感じられる人間がいたら、そう感じた人は間違いなく自分である。この識別の方法は、たぶん、完璧だと思う。つまり、それは間違いで、そう感じた人は実は自分ではなかった、という可能性がないだろう(ここのところは、本当にそうか、自分でよく考えてほしい)。

じつをいえば、べつに殴ってもらう必要などはない。痛覚などという物騒な感覚を使わなくても、視覚でも、聴覚でも、味覚でも、なんでも同じことがいえるからだ。だれだって、その眼から情景を見ているだろうし、その耳から音を聞いているだろうし、その舌で食べ物の味を味わっているだろうが、実際に見えたり聞こえたりするのは自分だけである。だから、このやり方で自分を識別できそうである。

そうすると、顔かたちでも、内面的特徴でもなく、こんな識別基準を使っていることになるだろう。「その体を殴られると実際に痛く感じられ、その眼から実際に世界の情景が見え、その口に塩を入れられると実際に塩辛く感じる、……等々の人」。これが「自分」であることになる。

ここで使われている例は、痛覚と視覚と味覚だが、もちろん他の感覚でもよいし、特に感覚である必要もない。感情でも、思考でも、空想でも、予想でも、記憶でも、何であれ、それらを実際に持つのは自分だけだからだ。

ところで、この基準では、何が見えているか、どんな感情を持っているか、何を考えているか、といった、そういう内容的なことは、まったく関係してこない。何が見えていようと、どんな感情を持っていようと、何を考えていようと、そうしているのが直接わかったなら、それをしているのは必ず自分である。

記憶の場合で考えるとちょっと不思議

こうしたことはあたりまえのように思われるかもしれないが、記憶の場合で考えると、ちょっと不思議なことが起こる。何が見えているか、どんな感情を持っているか、考えているか、といったその内容には関係がないなら、記憶の場合も、当然、どんな記憶を持っていようと、何を思い出していようと、それは関係ないことになる。思い出されている内容には関係なく、それを思い出しているのは必ず自分であることになる。

ということはつまり、思い出されている内容が、「二回目の首相になってもう四年か、一回目の時は体調も悪くて苦しかったな」であっても、「この前のオリンピックでは四大会連続金メダルを逃して残念だったな、やはり主将の責任が重かったな」であっても、そのことがありありと思い出されているなら、それを思い出しているのは、自分、すなわちあなたであることになる。これは、ある意味ではあたりまえのことである。なぜなら、他の人がそのようなことをありありと思い出していても、あなたにそれがわかるはずはないからだ。何かをありありと思い出していたなら、それを思い出しているのは必ずあなたである。こんな単発の想起ではなく、記憶の全体が安倍晋三首相の記憶になっていようと、吉田沙保里選手の記憶になっていようと、そんな内容には関係なく、それが思い出されていれば、それを思い出しているのはあなたである。

記憶の全体が安倍首相や吉田選手の記憶になってしまったら、私は、少なくとも心の面では、安倍首相や吉田選手そのものになってしまうではないか。そうしたら、それはもう私ではないではないか、と思うかもしれないが、そんなことはない。安倍首相になってしまおうと、吉田選手になってしまおうと、そんな内容には関係なく、そういう思い出が現に思い出されているなら、思い出しているのはあなたである(あなたとは別に、本物の安倍首相や吉田選手がいるかもしれないが、その問題はこのこととは関係ない。彼らはもちろん他人である)。

記憶の全体が安倍首相や吉田選手のものになってしまったら、もちろん、あなたのもとの記憶は消滅する。もとの記憶が全部消滅しても依然としてあなたであるところをみると、あなたの記憶はあなたをあなたたらしめる、あなたの本質ではなかったことになる。自分を自分たらしめているその本質は、あくまでも、実際に痛かったり、恥ずかしかったり、考えていたり、思い出したりする、ということであって、考えている内容や、思い出している内容ではないのだ。

逆の場合を考えてみれば、このことはすぐに納得がいくだろう。逆の場合とは、あなたの知らないだれかが、何らかの事情で、現在のあなたとまったく同じ記憶を持ってしまった場合である。その人はあなただろうか。その人の頭を殴られても痛くもかゆくもなく、その人の眼から見えている情景はまったく見えず、その人がいま思い出している(自分とまったく同じはずの)記憶があなたには思い出せないのに。

どこかにそういう人がいても、あなたはそういう人がいることを知ることさえできないだろう。その人は赤の他人である。

この基準は自分を選び出せるか

さて、ここまでの議論が正しいとすれば、自分を他人たちから識別するのに使える基準は、「その体をくすぐられると実際にくすぐったく、その人の人生の苦しみが実際に苦しく、その人の思い出すことが実際に思い出される人」、というようなことにならざるをえないことになる。しかし、あなたはこの基準を本当に使っているだろうか。これが問題である。

ここから一頁ほどの記述は少々高度な問題に触れている。言っていること自体はだれでも理解できるだろうが、そこに込められた哲学的問題がひしひしと伝わるかどうかは、人による。もし伝わったなら、あなたは哲学に向いている人だといえるだろう。

この基準が使えるということ自体が、じつは不思議なことなのである。というのは、だれもがこの基準を使っているからである。だれもがこの基準を使って自分を他人たちから識別しており、それでうまくいっているのだとすると、だれもがこの基準を満たしていることになる。だれもがこの基準を満たしているのだとすると、そのだれもたちのうちから、あなたはどうやって自分を識別できているのだろうか。これが問題である。ここで、ちょっとだけ考えてみてほしい。

あなたは実際にあなた自身を識別できているわけだから、その最終的な識別にはこの基準を使ってはいないのではなかろうか。なぜなら、この基準はだれもが使っているのだから。それは、だれもがそれぞれ自己自身を選び出すのにしか役に立たないだろう。だれもが自分を選び出すことができても、そのうちのどれがあなた自身の自分であるかは、それだけではわからないだろう。それはちょうど、いつの時点でも、その時点にとっては現在だろうけれど、そういう現在たちのうち、どれが端的な、実際の現在であるかは、それぞれの時点がその時点にとっての現在を選び出すやり方を知っても、それだけでは分からないのと同じことである。そして、それでも、端的な、実際の現在というものは、間違いなく存在するだろう。

だれにとってもの自分ではないこの自分

だれもがこの基準を使って、多くの人間たちのうちから自分を識別している、と言ったが、もしかすると、それが誤りだったのかもしれない。もう一度、よく考えてみてほしい。「その体を殴られると実際に痛く感じ、その眼から実際に情景が見え、その口に塩を入れられると実際に塩辛く感じる人」、これが「自分」であった。ここに三回登場する「実際に」は、独特の意味を持っていることに注意してほしい。もし、他人たちもそれぞれ、この意味で「実際に」痛かったり、見えたり、塩辛かったりしたら、この基準は使えない。この基準が使えている限り、この意味で「実際に」、痛かったり、見えたり、塩辛かったりするのは、あなた一人だけでなければならないのだ。

言い方を変えて、こう言ってもいい。だれもがこの基準を使っていると言ったが、それは嘘であった、と。ここで使われている意味で「実際に」使っているのは、あなた一人だけであった、と。

あなたの存在の意味

あなたが生まれる前の世界と、死んだ後の世界を考えてみてほしい。そういう世界でも、もちろん人々はこの基準を使って自分を識別しているだろう。しかし、その世界は、もちろん自分は存在していない世界である。悠久の宇宙の歴史を考えれば、この世界は、ほとんどの期間、自分はいない世界である。自分がいるのは、長くてせいぜい百年程度にすぎない。それはきわめて例外的な期間であることになる。自分がいないとはつまり、(先ほどの「実際に」を使うなら)どんな情景も「実際に」見られることがなく、どんな音も「実際に」聞かれることがなく、どんな味も「実際に」味わわれることのない世界、ということである。

しかし、この意味で自分が存在しているとは、何が存在していることなのだろうか。あなたが生まれたとは、いったい何が生まれたということなのだろうか。おそらくあなたは、ごく平凡な人間の一人にすぎないだろう。だれも持っていない特殊な感覚能力を一人だけ持っている、などということはないだろう。それにもかかわらず、世界はあなたの眼からしか見えない。だれだって自分の眼からしか世界は見えないだろう、などとはもう言わないでいただきたい。そういう問題なら、あなたの生まれる前の世界だって、あなたが死んだ後の世界だって、そうなのだから。今はもう、だれにでもあてはまる、そういう意味での「自分」の話をしているのではないのだ。

だから、むしろ、こう驚くべきなのだ。この二一世紀という時代に、この日本という国に、なぜ、突如として、こんな特殊な、変なものが生じてしまったのか、と。特殊な、変なものとは、その眼から「実際に」世界が見えてしまうような、その体が「実際に」痛みやかゆみを感じてしまうような、いまだかつて存在したことのなかった、不思議な生き物、という意味である。

どうしてこいつだけ「実際に」見えたり聞こえたりしてしまうのか。この違いはどこから生じているのか。この問題には、少なくとも二つの不思議な点がある。第一は、そのような違いが生じる生物学的根拠も生理学的根拠も、それどころか心理学的根拠さえも、まったくないという点である。あなたの視神経や脳の構造や働きは、ほかの人と何の変わりもないだろう。それなのに、あなたにだけ、殴られると「実際に」痛いという途轍もないことが実現する。あなたの眼にだけ、「実際に」見えるという途方もないことが起こる。第二は、心理学的根拠さえないということからも分かるように、あなたの眼にだけ「実際に見える」という途方もないことが起こっていることをあなた以外のだれも決して認めない、という点である。あなた以外のすべての人が、あなたのことを、そんな特別なところなど何もない、ただの普通の人間だと言うであろう。それにもかかわらず、この驚くほどの違いが実際にあるのだ。もしそうでなければ、あなたは自分を他人たちから識別できないだろうから。もしその違いがなければ、今あなたであるその人が存在していても、あなたは存在していない、ということだから。

この世界の構造

□ ● △ ◇ ▽ …

(図1)

□ ○ △ ◇ ▽ …

(図2)

図式的に描けば、世界はいわばこんなふうになっているわけだ(図1参照)。上から、四角さん、丸さん、三角さん、…と、それぞれ心も体も他の人と異なる、個性ある人々がいるのだが、そのうち一人だけが、なぜか丸さんだけが、他の人たちとまったく違う、「実際に」見えたり、「実際に」痛かったりする、という特殊なあり方をしているわけだ(図1では黒塗りで表されている)。世界は実際にこういう(図1のような)あり方をしている。もしこういうあり方をしてないなら、それはつまり、あなたは存在していない、ということである。

あなたが存在していない世界とは図2のような世界である。だが、図2の世界は図1の世界とまったく同じ世界である。図2の世界にも、やはり丸さんがいて、この丸さんは図1の丸さんと心も体もまったく同一である。ただ、「実際に」見えたり「実際に」痛かったりするという、その特殊なあり方をしていないだけである。

だから、もし図1の世界が図2の世界に突如として変化したとしても、だれも気づかない。あなた自身は突然消滅するのだから、もちろん、気づかない。他の人々にとっては、そもそも何の変化も起こらないのだから、彼らが気づくはずもない。丸さんもこの変化には気づかない。この変化が起こった後の(つまり図2の世界の)丸さんは、前に論じた、あなたとまったく同じ記憶を持った他人にあたる。記憶がそのままなのだから、丸さんもこの変化に気づくことはない。

存在の祝祭

図2のような、黒塗りの者などいない世界のほうが普通の世界であろう。宇宙開《かい》闢《びゃく》以来ほんの少し前まで、世界はそういうあり方をしていた。おそらくは数十年後には、またそういうあり方にもどるだろう。宇宙の消滅の時まで。つまり、あなたが存在している期間は、普通とはまったく違う、いわばお祭りのような期間なのである。だから、これを「存在の祝祭」と呼ぶとよいかもしれない。

「存在の祝祭」と呼ぶと、宗教的なもののように感じる人がいるかもしれないが、そうではない。その証拠に、神様でさえ図1の世界と図2の世界の識別はできない。神様はすべての人間の心の中をお見通しだが、だれが黒塗りであるか、そのいちばん肝心なことだけは知ることができない。つまり、神様にはだれがあなたであるかを識別する能力はない。その能力はあなた一人だけにあるのだ。だから、あなたは神の創造物ではない。識別できないものは創造もできないからだ。つまり、この「存在の祝祭」は、他人たちはもちろん神様さえ知ることのできない、孤独な祝祭なのである。

〈今〉と〈私〉の謎

他人には意識があるかどうかはわからないから、他人はひょっとすると（意識がない人をゾンビと呼ぶなら）ゾンビかもしれない。そうではないことを確かめる方法は存在しないのに、それでもわれわれが他人はゾンビではないと信じて疑わないのはなぜか。これは哲学の世界で他我問題といわれる問題である。それはそれで、けっして無意味な議論ではないだろう。しかし、少なくとも私自身は、そんな問題を自ら感じたことは一度もない。私が幼少期から感じていたのは、一見それと似ているが実はまったく違う疑問――同じ人間のなかに、大多数の普通の人たちと並んで、私であるというあり方をしたやつが一人だけ存在している、こいつは何なのか（この違いはいったい何に由来しているのか）、そしてなぜ二〇世紀の日本に生まれた永井均というやつがそれなのか、という疑問であった。たとえ他人たちがゾンビでないことが完璧に証明されたとしても、この疑問は深まりこそすれ治まりはしない。

だが、さらに驚くべきことに、この問いは実はそもそも立てることができない問いなのである。なぜなら、この意味での私(であるという特殊なあり方をしたやつ)は実在しないからである。そういうやつが実在することを、もし私が問おうとすれば、私は永井均の存在を問うか、一般的な(超越論的)自我の存在を問うか、どちらかしかできない。言語を使ってこの問いを立てる方法は存在しないのである。なぜなら、言語《ロゴス》は自他に共通の存在者の存在を起点として初めて成り立つ、世界が本質的に一枚の絵に描けることを前提にした世界把握の方法だからである。私の問いはそれに起点から異を唱えている。言語的世界像を前提する限り、この問いはそもそも存在できない。ウィトゲンシュタインはこのことを「独我論は語りえない」と表現した。

すでに四〇年近く、私はこの問題について論じてきた。そして二〇年ほど前から、同じ問題が〈私〉だけでなく〈今〉についても成り立つと論じてきた。このことを史上初めて主張したのが、一九〇八年に書かれたJ・E・マクタガートの「時間の非実在性」である。つまり、彼はウィトゲンシュタインが「独我論は語りえない」と表現したのと同じ論点を「時間は実在しない」と表現したわけである。さほど長くもない一論文にすぎないが、今回の翻訳出版(『時間の非実在性』講談社学術文庫、二〇〇一七年)にあたって、私は原論文の数倍の長さにわたる、この解釈視点からの解説的論評を付した。

他我問題と全く同様、時間に関しても、過去や未来は実在すると(なぜ)言えるのか、といった系統の問題は存在する。当然のことながら、マクタガートの問題はその種のものとは全く違う。彼の問いの根底には、この今という特殊なものが現に存在しているという驚き《タウマゼイン》がある。この今がもし存在しなければ、すべては存在しないのと同じことだろう。存在する(かもしれない)世界はそもそも開かれないからだ。それほど重大な位置を占めるものでありながら、これもまた実在しない。言語《ロゴス》によってそれを捉える方法がないからである(この意味では感性《パトス》もまた言語《ロゴス》だから感性《パトス》によっても)。この今(という特殊なあり方をした時点)が実在することを語ろうとすれば、ある特定の時点の存在か、一般的な現在性(いかなる時点もその時点にとっては今であること)の存在か、どちらかを語ることしかできない。

さてしかし、まさにそのことを、私は今、共感をあてにして未来の他者に向かって書いている。そして、この伝達が成功して、未来の他者が、つまりあなたが、今私が言っていることに賛同することがありうるだろう。世界が一枚の絵に描けることを前提にした言語《ロゴス》的世界把握が作動したのである。そして時間の場合は、今は現実に動くので、この問題は今の動き(＝時間の経過)そのものの問題と重なる。

では、端的な今(どの時点もその時点にとっては今であるという意味での今ではなく)や端的な私(どの人もその人にとっては私であるという意味での私ではなく)は実在するだろうか。そして前者に関しては、それが動くという事実は現実に存在するだろうか。するともしないとも言えるのでなければならない。われわれはこの二つの矛盾する世界像を現に併用しているからである。すべてはこの矛盾から始まっているという現実を、ぜひ自ら実感していただきたいと思う。

翔太と由美の修学旅行

『翔太と猫のインサイトの夏休み』(ちくま学芸文庫、二〇〇七年)の文庫化に際して一文を、とのことでしたが、エッセイのようなものはおしなべて面白くないので、私にとって面白い哲学的問題をいきなり提示してみます。これは、二週間ほどまえ、『翔太と猫のインサイトの夏休み』の第二章を使ってやっていた授業の最中に、その議論との関連で、急に思いついたものです。

映画の『転校生』やその原作の『おれがあいつであいつがおれで』では、男の子と女の子の体が(逆に言えば心が)入れ替わりますが、この思考実験では、心も体もいっしょに変化していきます。ただし、時間をかけて徐々に。

『転校生』が、心vs.体(体はその姿形が変わらないだけでなく、その時空連続性も保たれる)なのに対して、私の新しいSFでは、心と体の連合軍に対して、相手は時空連続性だけです。つまり、翔太と由美は、二人とも独立に、徐々に(三か月ほどかけて）相手の心と体になっていくのです。体も変化していきますが、心もです。この場合、「心」の中心をなすのは記憶です。記憶が次第に交換されていくのです。

記憶が次第に交換されていく！　これは何を意味するのでしょう？　たとえば翔太は、ある日、自分の修学旅行の思い出が全体として由美の視点からのものになっていることに気づきます。そのようにして、一ピースごとに思い出が入れ替わっていくのですが、翔太の時空連続体は、いつの時点で、翔太である僕の記憶のある部分が由美のそれに変わってしまったと思わずに、由美であるわたしの記憶のある部分に翔太のそれがまだ残っている、と思うようになるのでしょうか？　翔太体は、いつの時点で自ずと由美の家に帰るようになるのでしょうか？

ここで、二つの疑問がわきます。第一に、記憶が入れ替わっていくその三か月の間の記憶はどうなるのでしょうか。記憶が入れ替わっていく経過自体をメタ記憶しているのでしょうか。第二に、記憶をピースに分けて移し替えることがそもそも可能でしょうか。由美の修学旅行の思い出の中には、旅行中に思い出した一年前のことや旅行後の計画のすべてが入り込んで来ざるをえないのではないでしょうか。

ここまででもじゅうぶん難問ですが、ここでさらに、より重要な問題を付け加えます。すなわち、この世界はもともと翔太に中心化された世界なのです。つまり、由美はあくまでも他人のひとりなのです。すなわち、この世界は、もともと翔太の目から見えている世界で、ただひとり翔太の体が殴られた時だけ本当に痛く、現実に動かせる体は翔太の体ひとつしかない、というような世界なのです。これを、翔太が〈私〉である世界と表記しましょう。

『転校生』のような話なら、〈私〉は、体の姿形と体の時空連続性の連合軍を敵にまわして、心(記憶とその他の心理的連続性)の側と連合します。「俺は女の体になってしまったよ！」と。そうであるならば当然、この新しいSFでも、〈私〉はいつか身体を移動させて、新しい翔太体(もとの由美体)に移るはずです。だって、今度の敵は時空連続性だけなので、前より弱いはずですから。でも、いったいいつ？

そして、もしメタ記憶が成立していたら？　〈私〉は、いつまでも最初の翔太体に固執して、新しい翔太体(もとの由美体)に移行できないのではないでしょうか？そうすると、ついには体も心もすべて由美になった翔太が出来上がることになります！　第一階の完璧な由美と第二階のメタ翔太との結合体が誕生するのです！

さらにメタ記憶自体の取替えも考慮に入れて、その変化もまたどこまでもメタメタ記憶され続けることが可能であると考えると、哲学的にさらにもっと興味深い話になっていくのですが、それはまたの機会に。

Ⅱ 倫理

第3章　ニヒリズムとしての哲学

こころのなかに
肉体がない
ように
わたしのなかに
こころがない
そうして

ないこころのために
わたしが立っている

（宗左近『炎える母』の「序詞　墓」より）

1　根底のニヒリズム

小学校高学年の頃、私は何か発言をしたとき、学級担任の先生から「君はニヒリストだ」と言われた。その後しばらくして、また別の機会に、彼はまたしても「君は本当にニヒリストだなあ」とつぶやいた。私は二度にわたって彼からニヒリストと規定されたことになる。私はその語の意味をよく知らなかったが、彼の何ともいえない驚嘆と敬意に満ちた表情から、これは途方もなく誉められたにちがいないと感じた。少なくともニヒリズムというものが、学校的評価の基準をはるかに超えて深く尊敬に値するものだと彼が信じていたことは確実だった。スペイン史の研究者としても知られる岩谷十二郎先生という方であるが、思えばよい先生に恵まれたものである。

そういうわけで、私はきわめて若い頃から、ニヒリストであった。ところで、そのニヒリズムとは何だろう。記憶にはないが、先生が私をニヒリストとみなしたとき、私はたぶん、何かふつうにはとても重大であるとみなされていることに関して、「そんなことは実はどうでもいいことなんじゃないか」という趣旨の発言をしたのだろうと思う。大人になるにつれて私は、たぶん世界に関するそのような感覚を基調としてその上に人格形成したためであろう、そういうニヒリスティッシュな感覚そのものはいわば通奏低音のごときものとなって前景からは去っていった。だが、今でも私は、私と同じような仕方で大人になった人とだけ言葉が通じる、という感じをもつことがときどきある。

こういうときに使われるニヒリズムとは、一応定義的にいえば「それを信じて生きるべき究極の価値のようなものは存在しないという考え方や生き方」のようなことを意味するといえるだろう。そうしたニヒリズムの事実を受け入れることができずに、何らかの価値を捏造してしまうこともまた、そのニヒリズムの変形にすぎないということは、ニーチェが洞察した通りであって、それはもちろん卓抜な洞察であるとは思うが、ニヒリズムから出発して論じる本書では、この意味でのニヒリズムについては、後に少しだけ触れるにとどめよう。

私は、『マンガは哲学する』という著作で、吉野朔実の『ぼくだけが知っている』と松本大洋の『鉄コン筋クリート』とを対比することによって、ニヒリズムを出発点にして、それをいわばあえて自明の前提とすることで大人になった人と、そうではなく最も深いところで何らかの価値を信じることによって大人になった人とがいる、ということを論じた。この二種の人で、世界と人生に対する感度はまったく違うように私には思われたのである。どちらかといえば私は鈍感な人間だと思うが、この違いには少し敏感である。そして、どういうわけか、根底においてニヒリストでない人の言うことは、その内容が何であろうと、心の底ではばかばかしく感じてしまう。

根底において、と私は言ったが、これは重要な点である。根底においてニヒリストであっても、何かを情熱的に主張することはできるし、根底においてニヒリストでなくても(あるいはないがゆえに)たとえば思想としてのニヒリズムを持ちかつ主張することはできる。主張の内容が何であるか——民主主義と人権であるか自国の歴史に対する誇りであるか——といったことよりも、その主張の根底にニヒリズムがあるかどうかのほうが、私にとっては重要である(つまらない感想を言わせてもらうなら、ひと昔前までは、有名人にも無名人にも、左翼的ニヒリストとでも形容すべき人が非常にたくさんいて、私にとっては最も安心できる、こころ休まる人々であったのだが、この頃はなぜかめっきり減ってしまった。ニヒリストでない左翼なんて、私にとっては何の価値もない)。

ある価値を信じて——あるいは信じたふりをして——闘わざるをえない状況があることは疑う余地がない。だが、ニヒリストなら、その闘いの現場でもなお、自分が依拠しているその価値自体を根底においては疑っているはずである。自分がいまそれに頼らざるをえない状況にあるからこそ、その価値や規範の本性と出自を最も根底から疑い、解明しきることができる。それは絶好のチャンスなのである。なぜかどうしてもこのチャンスを生かしたいと感じてしまう人を私は好む。そう感じないような人を、彼あるいは彼女が何を言おうと、私は信頼しない。

マルクス主義者こそがマルクス主義の、フェミニストこそがフェミニズムの、ナショナリストこそがナショナリズムの、価値と本性を根底から疑うことができる。本能的にこのチャンスを生かしたいと感じてしまうような人でなければ、そもそもものを考え始めることなどできはしない。それこそが哲学するということの出発点なのだ、と私は思う。自分が依拠している価値を、根底においては疑っているのではないような人と、何かを論じることはむなしい。この意味でニヒリストであることは、およそものを考えることができるための最低限の条件だと私は思っている。

2　善悪は生きる力を与えない

新聞や雑誌などに登場するいわゆる公的言論は、多くの場合、ニヒリズムの存在を無視している。たとえば、戦争は絶対にいけないのか正義の戦争はありうるのかといった論争の場で、「そんなことはどうでもいいことなんじゃないか」などといった主張や見地は、そもそも登場する余地がない。そんな見地はあってはならないことが前提なのだ。だれもが、その論題に興味を持ち、まじめに論じるべきことが、すでに前提されてしまっている。さまざまな議論の場面において、可能な選択肢のなかにエゴイズムが入ってくることはありえても、ニヒリズムが入ってくることはない。エゴイズムは、ただ他人たちから白眼視されるだけで、ときに主張するに値するものであるが、ニヒリズムはつねに主張するに値しない。どうでもいいと思っている人は、どうでもいいと言う必要さえないからだ。

そうではあるのだが、にもかかわらずまさにそれゆえに、すべてのそうした議論はやはりある種のむなしさがともなう。そうした議論はすべて、なぜだかもうすでにそうした議論に興味と関心を持ち、論じようとするだけの力《パワー》をすでに持ってしまった人々の間でだけ成り立つ、じつは仲間内の議論なのに、議論に従事している人々は、そのことには気づいていないし、それゆえ当然、そういう仲間の成立そのものの意味については考えようとしないからである。ことの善悪を論じる前に、そのことを大まじめに論じ合う力《パワー》はどこから来るのかが問題にされなければならない（しかし今度は、そのことを大まじめに論じ合う力《パワー》そのものはどこから来るのかが問題になるだろう）。

ことの善悪を論じる議論はこの意味でむなしい議論の典型である。善であると論じることは、それをなすべき動機を与えず、悪であると論じることは、それを避けるべき動機を与えないからだ。善悪の認識は人を動かす力《パワー》に直結しはしない。ふつう、なぜか、そのことが忘れ去られている。ということは、つまり、ニヒリズムというものの存在が忘れ去られているということなのである。

卑近な例を取ろう。少し前に小林よしのりというマンガ家の書いた『戦争論』という杜撰《ずさん》な内容の扇情的なマンガが非常に売れて、多くの人を驚かせた。批判者たちは、その事実内容が間違っていると主張したり、その主張内容が他国の人々にとって重大な不正義になると主張したりして、それに反論した。たぶん、小林氏は心のなかで笑ったことであろう。こいつらは真偽や善悪が生きる力にならないことをまだ知らないのか、と思ったことであろう(反論者はこういう態度そのものをふたたび善悪で批判するであろうけれど)。

おそらく現在、少なくともこの国では、人を動かす力となりうる主張は「これを信じれば生きる力がわいてくる」という種類の主張、つまり「これでむなしくなくなれる」という種類の主張だけなのである。『戦争論』にはそれがあった。だから、それはある種の人々の心を捉えた。批判者のなかで、そのことの意味を知っていて、同じ水準に立って互角に戦えたのは——私の見た限り——宮台真司氏だけであった。

真偽や善悪は生きる力の源泉にはならない。それこそが問題なのだ。真偽や善悪は、すでにどこからか生きる力を得ている者にとってしか意味がない。だが、すでにどこからか生きる力を得ている者は、まさにそのことにこそ気づかないのである。

正義漢が悪徳政治家を義憤にかられて罵るさまを見るのは、だからむなしい。だって、君たち同類じゃないか。どうして彼らは自分たちが同類であることに気づかないのか。そこに課題があるのだ。この課題をすっ飛ばして道徳的善悪など論じてもむなしい。この同類の仲間に入る——つまり何か具体的な意味のあることがやれる人になる——には、どうしたらいいのだろう。道徳に先立つ水準での善人——要するに積極的で建設的な人——になるにはどうしたらよいのだろう。ここに課題がある。少なくとも私にとってはつねにそうであったし、今なおそうだ。

3　しょせん、すべては小さなこと？——ニヒリズム的円環へ

ところで、『戦争論』などよりももっとすごい、隠れたベストセラーがあるのをご存じだろうか。それはリチャード・カールソンという人の書いた『小さいことにくよ

くよするな！』という本である。この本のキャッチ・コピーは「しょせん、すべては小さなこと」であり、それがまたこの本の基調となるメッセージでもある。つまり、きわめて多くの人々は、しょせんすべては小さなことだと感じたい、と願っているのである。これはいわば、悟りの境地を求めていることだともいえるが、言い換えればまた、ニヒリストになりたがっているということだともいえる。「しょせん、すべては小さなこと」とはつまり「すべては本当はどうでもいい」ということなのだから。

ここで少なくとも二つの問題がもちあがる。

まず第一は、自分自身が「しょせん、すべては小さなこと」だと感じるようになりたいと願っている人も、たいていは、他の人にはそういう感性を持ってほしいと思っていない、ということである。自分がかかる医師や自分が乗るタクシーの運転手が「しょせん、すべては小さなこと」だと信じているような人物であることは、誰も望まない。確かに、しょせんはすべては小さなことだと信じている医師によっていい加減な治療をされてひどい目にあっても、しょせんはすべては小さなことだと信じているタクシー運転手によって乱暴な運転をされて大怪我をしても、しょせんすべては小さなことなのだから、そんなことはどうでもいいと思えるならば、それで問題はない。すべての人がそういう人になれば、世の中には何の争いもなくなるだろう。それは一つの理想状態ではある。

だが、その理想には現実性がない。自分自身は「しょせん、すべては小さなこと」だと感じるようになりたいと願うような人も、できることなら他の人——たとえばさきほどの医師や運転手——には「世の中にはやはり重大なこともある」と感じるような人であってほしいと思うのがふつうなのである。つまり、この教えには相互性がないのだ。

第二に、もっと驚くべきことは、この教えは「これでむなしくなくなれる」という教えではないことである。それはむしろ「これでむなしくなれる」という教えである。『小さいことにくよくよするな！』という本は、すべてをたいしたことではないと感じられるようになるコツを教える本なのである。ニヒリズムから出発して、どうやってそこから脱していくか、を教える本ではなく、むしろ逆に、どうやったらうまくニヒリストになれるか、を教える本なのだ。

ついさきほど、私は、人々を動かす力となりうる主張は「これでむなしくなくなれる」という主張だけだと述べた。だが、ここでは人々はむしろ「これでむなしくなれる」というメッセージに惹かれているではないか。これはどうしたことだろう。人々はどちらを求めているのだろう。じつをいえば、ここには、道徳以前、倫理以前の水準における、個人の成り立ちの内部における、ある根本的な対立があるのだ。なぜか倫理学者たちはこの対立に眼を向けようとしないが、道徳や倫理について論じる前に、まずはこの水準での対立にこそ注目すべきなのである。

「これでむなしくなくなれる」というほうは、一貫した意味を持った充実した人生の実現をめざす方向である。これはいわば自分というものを長期的な持続体とみなす、長期的な人生観である。これに対して「これでむなしくなれる」というほうは、そういう種類の(自分に対する)長期的な気遣いを捨て去って、もっと短期的に、気楽に生きたいという方向を示している。これは短期的な人生観である。他者を顧慮する以前に、自分自身の内部においてさえも、一貫した意味を持った充実した人生を生きるために払われる配慮とエネルギーが、すでに苦痛でたえがたいのである。他者に対する倫理や道徳を論じる以前に、まずは自己の内部におけるこの対立にこそ注目すべきである(もし長期的人生観が破綻していけば、たとえば刑罰という社会システムは無効なものとなるであろう。刑罰とは他人の受ける被害を将来の自分が受ける被害に換算するシステムだから)。

ここにあるのは三項対立である。第一項は「しょせん、すべては小さなこと」、第二項は「これは生きる力になる」、第三項は「他者に対する道徳的配慮」である。

倫理学者たちは、第二項と第三項をつなぐことに努力を傾注してきた。最も単純な理想は、他者に対する倫理的配慮こそが生きる力になる(生きる力の源泉は他者に対する倫理的配慮である)とするものである。おそらくこの思想には一抹の真実がある。だがまた一抹の嘘がある。近代における代表的な倫理学説である社会契約論と功利主義も、結局のところは、この二つの項を接続するための苦肉の策であった。だから、ルソーにもミルにも一抹の嘘がある。そしておそらく、世の中で暮らす以上誰にでも必然的に押しつけられることになるこの嘘こそが、ときに「しょせん、すべては小さなこと」と思わずにはいられないように、人を仕向けるのであろう。

ここにはおそらく、ニヒリズム的円環(nihilistic circle)とでも呼ぶべきものがあるだろう。この円環の発見者はニーチェである。ニーチェがニヒリズムの概念を独自の仕方で拡張したとき、彼はこの円環を逆向きにたどって、すべてが第一項から始まり、人生に意味を与えることが道徳的価値の自立に帰結するさまを描いた(というニーチェ解釈が誤りであるならこの円環の発見者は私である)。彼はそこから引き返して、人生に意味を求め続けるでもなく、人生が無意味だと落胆するでもなく、意味の求め方そのものの方向転換を示唆し、いわばその無意味さこそが意味そのものであることを示したのである(S・A・クリプキが『ウィトゲンシュタインのパラドックス』(黒崎宏訳、産業図書、一九八三年)において定式化した、懐疑論の挑戦に対する「懐疑論的解決」という発想との構造上の同型性がここにはある。つまり、ニヒリズムに対するニヒリズム的解決!)。

そのプロセスに関しては拙著『これがニーチェだ』(講談社現代新書、一九九八年)等に譲ることにして、ここでは例としてそのニヒリズム的円環の一つの帰結を見よう。道徳的価値が至高のものとして自立しているなら、ひとつの害悪が発生したとき、害悪を受ける側は、害悪を受けたことによって道徳的に優位に立つことになる。その優位性は以後けっして解消されない。道徳における謝罪は、原理的にけっして完遂されることがない。完遂されることのない謝罪要求に身を委ねたとき、その人はニヒリスティッシュな価値に身を委ねたのである。彼あるいは彼女は、タイムトラベルによって被害の事実が無化されることを、もう欲することができない。受けた害悪によって自己のアイデンティティがつくられ、自己の生の意味が規定されてしまったからである。

プラトンの伝えるところのソクラテスが、「大切なのは(ただ)生きることではなくよく生きることだ」と言い、その「よく」を直ちに道徳的よさとしての「正しさ」に言い換えたとき、すでにこのプロセスの第一歩が始まっている。以後、本当に「悪い」ことは害悪を受けることではなく害悪を与えることの方になった。

4　哲学のニヒリズム

だが、おそらくプラトンは、ソクラテスの「知を愛し求める」エネルギーの源泉を見誤ったのである。ソクラテスの愛知の営みの源泉はおそらくニヒリスティッシュなものであった。少なくとも私にはそう思える。それは確かに何が善きものであるかを探る営みではあったが、何か善きものを求める営みではなかったのだ。

ソクラテスとプラトンのことを考えるとき、私は恋愛という不思議な現象を連想する。通念に反して、恋は人をニヒリストにさせる。とりわけ、かなわぬ恋の体験。恋はその対象以外のすべて――人類の生存や繁栄や、自分の地位や名誉はもちろん、ときには自分の命でさえも！――を無価値なものとする。それによって、それまで自分を支えてきたすべての価値や意味が瓦解し、人生は方向を失ってしまう。辛い体験である。だが、それはそんな恋の対象が存在してしまったからではないか。恋は人にニヒリスティッシュな高い価値の存在を蠱惑的《こわくてき》に提示する。あんなやつさえ現れなかったら、すべてはうまくいっていたのだ！

ソクラテスは、相手が何を語ろうと、その人が信じていることが実は無根拠であることを示す。彼らが知っていると思い込んでいることを彼らは実は知ってはいないということを示す。その力の源泉がニヒリスティッシュなものであったことは疑いえない。つまり、それは無いことの力なのである。

ソクラテスは、善いことを知らないということを燃料にして燃える高次の善さを確立した。高次の善さは、しかし逆転した善さなのである。つまり彼は、無いことを燃料にして燃える逆転したあり方を確立した。

哲学は、ただ何かが無いということだけを燃料にして燃える高次の、あるいは逆転したあり方である。そこから世の中に役に立つ何かが得られるのではない。もちろんたまたま得られる場合もあるが、そんなことは関係ない。また、自分自身の人生に役に立つ何かが得られるとも限らない。役に立つ何かが得られることも多いが、そんなことも関係ない。

岩盤を掘り崩すことで、いちばん深いところから新たな本物の善さが打ち立てられるというのが、哲学の伝統的なキャッチコピーだ。むろん、これは世間にその存在意義を認めさせるための表向きの大義名分にすぎない。そういったことはすべて、哲学がおのれを世の中に認めさせるために作り出した騙し絵のようなものであろう。世の中で価値あるとされている何かへの貢献ではなく、世の中で価値あるとされているすべてを無と見る視点に立つこと、立てること、ただそれだけが哲学の意義なのである。少なくとも私にとってはそうであった。

ある意味で、これは自明のことである。自動車教習所に通って練習すれば自動車の運転ができるようになることは、教習所に通う前から、あるいは通わなくても、はじめからわかっている。これに対して、そもそも哲学をすることが何を実現するのかは――他の学問も多少とも哲学的であるときにはそうなのだが――哲学をする前には、あるいは哲学をすることの外からは、絶対にわからない。哲学の意味は哲学のなかにしかないから、哲学の外にいる人に哲学の意義や価値を説明することはできない。そんな意義や価値はないからである(むしろ、そちらから見ればマイナスの価値だけがあると言うべきか)。

哲学の力は、しょせんすべて小さなことだという事実をなぜだか根底において認めてしまった人が、そのことを力とする逆向きのエネルギーなのである。だから哲学は、自分自身が最も強く献身しているものの無を最も深く知ることができる、根源的にニヒリスティッシュな文化であり、当然、生の根底を掘り崩そうとする破壊的な文化である。

哲学者とは、自分の根底にある無を食べることが最も栄養になるような種類の人のことであろう。いや、ひょっとすると、無いことから発する力だけを食べて生きる化け物のことかもしれない。食べても食べても食べ尽きない、食べられるものなどもう何もないというそのことだけを食べて生きるエネルギーとする化け物。哲学者の連帯は、だから無の力による連帯である。それは、あることの力を信じているすべての人との隠然たる敵対を意味するだろう。少なくとも私は、そうであってほしいと願う。

私は哲学者だろうか。ああ、残念ながら、どう考えても多少はそうだ。もし世の中に思想しかなかったら、私はどんな思想からもほんの少しも生きるエネルギーを得られなかったろう。さきほど私は、ニヒリストはある価値を信じて闘わざるをえない状況下においてなお、自分が依拠しているその価値を根底においては疑っているはずだ、と言った。ある人がいま、ある価値にすがりつかざるをえない状況にいるなら、まさにそのことのゆえに、その価値を根源的に疑い、その価値の生成の秘密を探りあてることができる、と言った。そういう場面で、その絶好のチャンスを生かしたいと感じてしまうような人こそ、知的ニヒリストとしての哲学者である。そして、この意味でニヒリストであることこそが、およそものを根源的に考えることができるための最低条件なのである。

5　子どもの哲学的な問いについて

親の庇護のもとでおのれを偽って生きなければならないために気づかれることは少ないとはいえ、子どもは本質的にはニヒリストである。子どもが哲学者であるとは、そういう意味だ。ウィトゲンシュタインは八歳のときに「嘘をつくほうが利益になるときにもなぜ嘘をついてはならないのか」という問いを持ったそうである。「嘘をつく」の代わりに「人を殺す」とし、「利益がある」の代わりに「快適である」とすれば、問いはより先鋭なものとなろう。

もし子どもがこの問いを口に出したら、大人はどう応答するだろうか。子どもの問いが真剣であればあるほど、その子は間違いなく嫌われるであろう。たとえば親を悲しませ、たとえば先生を怒らせるだろう。子どもはそこに何か不穏なものを感じ、口にしてはいけない問いがあることを知らされることになる。

つまり、それを問うという行為それ自体が、すでにある水準での答えを選択したことの結果だとみなされるような問いがある。問うことは、それを問いうる、問うべき、とみなしたということにおいてすでに、問いの存在を認めない者たちとは違う認識水準を示してしまうことになる。それは、問わない者たちより低い認識水準かもしれない。だが、その低さこそが人々に脅威を与えるのだ。そして、その低さの価値をどこまでも信じることこそが哲学の出発点である。それは、人々に共有されている価値を認めないということを含まざるをえない、ニヒリスティッシュな出発点なのである。

大人の庇護のもとでおのれを偽って生きなければならないために問いを押し殺して沈黙することを選んだとき、その沈黙こそが大人をつくりだす。だが、できあがる大人にも二種類あるだろう。問いを忘れてしまう大人と、問いがあることを忘れられない大人である。後者が――その職業が何であろうと――私の定義するところの哲学者である。すると哲学者はこの問いをストレートに問うだけでなく、問いが封殺されざるをえないことの意味を探究せざるをえない。

職業哲学者を含めて、多くの知識人はこの種の問いを封殺するイデオローグとなる。真理の探究を放棄することによって、この道を自覚的に選択することは可能で立派な選択肢である。だが、多くの人はこの道を無自覚に選択するのである。

6　なぜ哲学を語るのか

ニーチェは「人生は認識のための手段」だと書いた。「この原則を胸に抱くことによって、われわれはただ勇敢になれるだけではなく、悦ばしく生き、悦ばしく笑うこともできる」と。またウィトゲンシュタインは「人が意志を働かすことができず、しかもこの世の中のあらゆる苦しみを被らなければならないと仮定したとき、彼を幸福にしうるものは何か？」と問うて、「ただ認識の生を生きることによって」と答えた。

とはいえしかし、その認識をなぜ人に語る必要があるのだろうか。私に考えられる唯一の答えは、ないことを絆とするマイナスの連帯を作り出すため、というものである。つまり、それによってあらゆる種類のプラスの連帯と闘うためである。しかし、そんなことはどうでもいいことなのではないのか。もちろん究極的にはそうだ。だからそれは、究極的にはそうであることによる連帯である。だから、それは究極的にはもはや連帯ではない。

キャヴェンディッシュという科学者は、多くの科学的発見をしながら、それをいっさい公表しなかったそうである。残されたノートがたまたま百年後のマクスウェルに読まれてしまったらしいが、もし読まれなければキャヴェンディッシュの名は知られなかったであろう。ひょっとすると、多くのそういう認識者が存在するのではないだろうか。公表されない陰の哲学史が存在するかもしれない。そうであるとすれば、なんとすばらしいことだろう。

世界が、そのような知られざる名作で満ち満ちていると想像することは楽しい。しかし、たいていの人は、人に語っても一般的な解釈しかされないことがわかっているからであろう。自分の人生の重要なこと――といったらいいのか人生そのもののなまの実態とでもいったらいいのか――は語らずに死んでいくのである。だからじつは、世界は現にそういう名作で満ち満ちているともいえるのではあるまいか。世界が、そのような知られざる名作で満ち満ちているように、公表されない陰の哲学史が存在している、と考えることは楽しい。そういう意味でひょっとして、すべての人が本当にニヒリストであるのかもしれない、と想像することは楽しい。

すべての人がそうであるかどうかはともかく、おそらく程度の問題を含めて、ニヒリストというものは存在する。ニヒリストは、とりわけ哲学的ニヒリストは、世の中的なすべての価値を究極的には単なる事実としてしか感じられない人であるかもしれない。しかし、彼あるいは彼女は、すべてを無価値とみなすのではない。ある意味では、むしろ逆ではないか。

哲学的ニヒリストは、あらゆる義憤に対して――自分自身のそれを含めて――ついには信を寄せることができないかもしれないし、テレビドラマで苦境にある主人公を思わず励ましたくなりはしないかもしれない。だが、夜空の星を仰ぎ見て悠久の宇宙に思いを馳せるときには、存在するすべてに、その内容とは無関係に、とりわけその偶然性に、途方もない価値があることを実感するかもしれない。価値の事実ではなく事実の価値が、ある一点で確保されるかもしれない。

しょせんはすべては小さなことであるという認識こそが、生きる力になり、それこそが他者に対する道徳的配慮の根拠になる可能性が考えられるだろう。いや、それ以外の可能性を、少なくとも私は、もはや信じることができない。

わたしは立っている
炎えても炎えても
炎えやまない
ないこころ
をいだいて

ないということを
燃料として

おのれを炎して
炎えやまない
ないこころ
をいだいて

（宗左近『炎える母』の「終詞　墓」より）

第4章　馬鹿げたことは理にかなっている
――社会問題を超える／の根底にある哲学的な問い

本稿は依頼原稿なので、それがどのような経緯であったかをまずは明らかにしておきたい。

以下の引用は、土浦の連続殺傷事件について書かれた、二〇〇九年三月二八日の『読売新聞』の記事の一部である。

……金川被告については「人は普通生きていたい、できれば楽しく生きたいと願っているので、それを実現するためにいろいろな『生き方』を説得できるが、この根本前提がない金川被告に対しては、『生き方』の説得に効力がない」と矯正《きょうせい》の難しさを指摘した。

この記事は、私に対する担当記者のインタヴューに基づくもので、ここで「指摘した」とされている人物は私である。これに対して、『思想地図』の編者である北田暁大氏は、本稿の依頼文において次のように言われた。

この記事にいう「矯正」というまとめと、永井先生のいう「説得」の効果のなさということが、私には絶望的なまでの乖離《かいり》があるように思えました。社会の論理、関係性の論理を前提にしたとき、永井先生の議論は「矯正不可能性」をいうものとして「理解」されてしまう。しかし、おそらく、記事では永井先生の真意が汲み取られていないのではないか、と拝察いたしました。

そのまま引用したので、「先生」とされているのは面映い(私は北田氏ともちろん師弟関係はなく、それどころか一面識もない)が、その点を別にすれば、この指摘は正《せい》鵠《こく》を射ているように思われた。続けて北田氏は次のように言われる。

「説得」という社会的な営みに哲学はどのように距離をとることができるのか、社会性の彼岸をどう指し示すことができるのか、——そうした思想の臨界点を示す議論を、「説得のレトリックとしての思想」を前提とする読者に向けてご執筆いただきたい、というのが私の考えです。

本稿は、おそらくはこの依頼の趣旨に沿うであろうと私が推察する問題について、私の見解の一端を述べるためのものである。以下に述べることは、新聞等のインタヴューでも何度かしゃべったことだが、採用されたためしがない。危険思想であるからということもあるかもしれないが、それよりはむしろそもそも理解されないからであろうと思う。その意味で、この問題の周辺には、北田氏が指摘された論点よりも深い問題がある。深さは、良識ある新聞記者も良識ある一般人もけっして理解しないが、金川とか加藤といった犯罪者たちがそれを(頭ではないにしてもいわば身体で)理解してしまっている点に現れている。彼らは疑う余地のない「悪人」なのだが、だからといって何か認識に欠陥があるのではなく、欠陥があるのはむしろわれわれの社会の構造の側であり、認識において欠陥があるのはその存在に気づかない(あるいはうすうす気づいてもけっして認めようとしない)良識ある人々の側なのである。しかも、私見によれば、その欠陥は修正可能な種類のものではない。

だが、きわめて興味深いことに、認識におけるいかなる誤りもなく単に悪であるという論点も、けっして通じないようである。悪はなんらかの偽でなければならないという通念は、根拠なき臆断《おくだん》にすぎない。そのことも併せて示せたら、と思う。

1 「罰する」ことの有効性／無効性

この記事では私の「真意が汲み取られていない」というのは正しい指摘だと思う。しかし、それがどのような意味においてであるかを正確に述べるのは意外に難しい。しかし、まずは単純に言い切ってしまえば、それはこういうことである。私がここで言っている(少なくとも言おうとしている)「説得」の無効性とは、経験的事実の主張というよりはむしろ論理的な主張なのである。うまくやれば説得できるのだが、特定の人物に心理的な(つまり経験的事実における)欠陥があるからうまく説得できない、と言っているのではないのだ。したがって「矯正の難しさを指摘した」というまとめは、もちろん端的に偽である。矯正は「難しい」のではなく「不可能」であり、それも経験的事実としての不可能なのではなく、もっと根底的に、人間社会の構成原理に不可避的に内属している論理によって、いわば論理的に不可能なのである。それはどういうことだろうか。

「人は普通生きていたい、できれば楽しく生きたいと願っている」というのは、「普通」とあるとおり、もちろん蓋然的《がいぜんてき》な経験的事実にすぎない。そうでない人は存在しうるし、現に存在しているだろう。しかし、通常の社会規範は、あたかもすべての人が「生きていたい、できれば楽しく生きたいと願っている」かのような前提のもとに成り立っている。実際、そうでなければあらゆる「刑罰」は無意味であろう。なぜなら、それは、ある一定期間、楽しく生きられなくさせるか、または、永遠に生きていられなくさせるか、どちらかであるから。そのようなことを何とも思わない者、あるいはむしろ望む者には、それらの刑罰は刑罰としての機能を果たしえないであろう。

およそ社会規範は人間の平均値的な正常(通常)なあり方を前提にせざるをえないが、とりわけ「罰する」という観念はそうであろう。それは人が通常何に快と苦を感じるかという傾向性の事実の他にも、たとえば、自己の時間的持続に関する通常の感覚をもまた、前提にせざるをえないだろう。異時点における自分の体験をあたかも他者の体験のように受け取る者にとっては、刑罰は刑罰としての意味を持たないであろうからである。罰は必然的に未来に(正確に言えば「より以後に」)与えられるものだが、未来に与えられる「楽しく生きられなく」させられる期間を、未来であるがゆえに自分が体験することとは感じられない者(人生の時間の感覚が著しく離散的な者)にとって、刑罰は意味をなさないであろう。そして、そのような人物（つまり、後に述べる意味で極度に「自堕落」な人物）は存在しうるし、それに近い人物は現に存在していると思われる。

一般に人間が「自分の人生」というものを離散的にではなく継続的に捉えがちなのはたまさかのことにすぎないのと同様に、一般に人間が死なずに生きていたい（できれば楽しく）と願うのもまたたまさかのことにすぎない。そうでない人は存在しうるし、存在しているだろう。私は、人間の社会がとにかく成り立っていることにしばしば素朴な驚きを感じるが、同様に自殺者の少なさにもしばしば素朴な驚きを感じざるをえない。概して近いうちに死にたいと願う者たちから成る社会では、「死刑」という観念は温かみのあるユーモラスな笑いを惹《ひ》き起こす力を持つであろうが、この現実の世の中にいる死にたいと願う者たちにとってもやはりそうであったとしても別におかしいところはない。

2 「罰する」という観念が作り出す／見失わせるもの

しかし、別の可能性があるように思われる。つい今しがた「異時点における自分の体験をあたかも他者の体験のように受け取る者にとっては、刑罰は刑罰としての意味を持たないであろう」と言ったが、「刑罰」ではなく「説得」という点からすれば、これは転倒した言説と言わねばならない。道徳的説得は未来の自分の苦痛を根拠にして悪事をやめさせようとするのではなく、そのような媒介は一切なしに、まったく直接的に、他者の苦痛を根拠に悪事を戒めようとするものでなければならないからである。人を殴って怪我をさせては「いけない」のは、そのことで未来の自分が罰せられるからではなく、殴られる人が苦痛を感じ、不当な損害をこうむるからでなければならない。罰せられるのは、その「いけなさ」のもたらす結果でなければならないのだ。

ところが、「いけない」という観念は、「罰せられる」という観念と対にされることによって、その独立性・根源性を奪われ、相対化・相関化されてしまう。スポーツ・ゲームの場合なら、そうであっても特に問題はないであろう。たとえばサッカーの試合で、ペナルティを受けることを承知の上で反則行為をするのは「いけない」ことだろうか？　いや、場合によっては、それは一つの作戦でありうるはずである。作戦が成功した場合、少なくともサッカーというゲームの内部では、それはよいこと、すべきことであったともいえるはずである。反則とペナルティがゲームの内部で完結した厳密に相関的な規定であるかぎり、そうであらざるをえないはずである。

それでは、ゲームの外の現実の社会ではどうだろう？　そうはいかないという一面が確実にある。というのは、現実の社会は、ゲームとは違って、最初からルールによって構成された、規則による構成態ではなく、いかなる規則も自生的に成立した社会を後から規制する力を持つにすぎないからである。「いけない」ことは、罰を受ける覚悟の上であっても、やはり「いけない」ことであり続ける。罪と罰は、ここでは完結した厳密に相関的な規定であることはできない。そのかぎりでは、あくまでもそのかぎりでは、死刑を覚悟の上であろうと、死刑にされるためであろうと、悪事の悪の実質は相殺されることなくどこまでも残り続ける。

とはいえ、ことはそう簡単ではない。ここには、社会の構成そのものに内在するある種のパラドクシカルなあり方に至る問題が隠されているからだ。そのことは、次のように問うてみれば誰でもすぐに気づくことができる。相殺されることなく残るその悪の実質は、つまり罰を受ける覚悟の上であってもしては「いけない」ことのその「いけなさ」は、どこにどのように現れるのか、と。それはたとえば、道徳的非難として、であろう。その種の現れ方しかありえないであろうから。そして、実際、たとえば無差別殺人犯は道徳的に十分に非難されている。そうであれば、それで完結しているはずである。規則による罰を超える内容は、そこに余すところなく現れており、事態はそれで完結しているのではあるまいか。

だが、もしそうだとすれば、先ほどの刑罰の場合と同じ問題がこんどは道徳的非難という水準で反復してしまうであろう。そもそも道徳的に非難されることを何とも思わない者、はじめから道徳的な非難を受けることを覚悟の上の者、あるいはさらに、道徳的非難を受けることを目指している者、……、このような者たちに対して、道徳的非難はどのような意味を持ちうるだろうか。刑罰の場合と同様、それは本来の社会的意味を剝奪されることになるだろう。根源的な道徳的非難は、個々のルール侵犯に対する罰則に先行して、およそ社会の構成そのものの水準で成立するようなものであろうから、それはいわば社会構成そのものの水準で無効化されてしまうことになる。そしてその意味で、社会そのものをゲームのようにみなすことは可能であることになる。

3　道徳の可能性／不可能性

それなら、社会というゲームにおいて、その作戦は場合によっては一つの有効な作戦でありうるのだろうか？　作戦が成功した場合、それはよいこと、すべきことであったともいえるのだろうか？　罪と罰がゲームの内部で完結した厳密に相関的な規定であるかぎり、そうであらざるをえないはずである。

しかし、多くの社会構成員にとってはおそらく幸いなことに、悪事と道徳的非難の関係は、完結した厳密に相関的な規定ではありえない。道徳的非難もまたある種の罰である以上、必ずその実現を求めるからだ。すなわち、非難は必ず犯人の改悛を求める内容を伴っているはずであり、そうである以上、たとえ非難が為されてもその非難の内容に対応する改悛が実現しないかぎりは事態は決して完結しない（つまり罰が罰として実現していない）といえるからである。
が、しかし、そうであるとすれば、当然、次のステップが考えられねばならないことになるだろう。そして、次のステップあたりからは、問題ははっきりと「哲学的」といわざるをえない水準に入っていくことになる。次のステップとは、もし改悛が事態を完結させるのであれば、同じ問題がこんどは道徳的非難とその実現としての改悛という水準で反復してしまうのではないか、という問題である。ここにいたると、問題はある種のパラドクシカルな様相を呈することになる。

そもそも道徳的に非難されて改悛することを何とも思わない者、はじめから道徳的な非難を受けて改悛することを覚悟の上の者、あるいはさらに、道徳的非難を受けて改悛することを目指している者、……、このような者たちに対して、道徳的非難はどのような意味を持ちうるだろうか。単なる道徳的非難の場合と同様に、それは本来の道徳的意味を剥奪されることになるだろう。道徳的非難とそれと内的関係にあるものとしての改悛は、個々の犯罪に対する罰に先行しておよそ社会の構成そのものの水準で成立するようなものであるから、それはいわば社会構成そのものの水準で、したがってまた「個人」としての人間存在そのものの成立の次元で、無効化されてしまうことになる。その意味で、社会そのものをゲームのようにみなすことは可能であることになるだろう。

　が、しかし、社会というゲームにおいて、この作戦は有効な作戦でありうるだろうか。いやそれどころか、そもそもこれはある個人が取りうる作戦でありうるだろうか。最初から道徳的に非難されることを目指すというだけなら単に異常なだけだともいえようが、自己自身を道徳的に非難することを含む「改悛」を最初から目指して行為するというのは、単に異常なだけではなく、むしろ論理的に矛盾した、したがって不可能な行為である、ともいえるのではあるまいか。なぜなら、一般に後悔することそれ自体を目指した行為という概念は矛盾を含むからである。「後悔」とは「しなければよかった」と思うことだから、最初からそれを目指せるなら、最初から「しなければよい」ことになるからだ。いわく、後悔先に立たず！　哲学用語でいえば、これは分析的言明であり、先に立っている後悔は矛盾であり、したがって後悔が目指されている状態は不可能な状態なのである。

いや、そうではないかもしれない。たとえ論理的に(言葉の意味の上で)矛盾しているように見えても、それは可能な行為ではあるかもしれない。この「矛盾」は実在しうる矛盾なのかもしれない。

心の底から「悪かった」と思うことを目指した、そのことが行為の趣旨であるような行為は可能だろうか。「悪かった」という語が、後悔の(つまり「しなければよかった」の)意味を含むとしても、それが「道徳的悪」という限定的な内容を持つならば、それを持つことが「よかった」ことになる可能性はなおありうるだろう。単に世間で道徳的に悪いとされていることをするという意味においてだけではなく、自分自身が心から「悪かった」と思えるという意味においてさえもまた、道徳的に悪いと思えるであろうようなことを、人が意図して為すことは不可能とはいえないだろう。狙い通りに心の底から「悪かった」と思えたとき、当然のことながら、その人は「悪かった」と思うだろう。それでも彼あるいは彼女はまた「よかった」とも思わざるをえない。自分の狙い通りになったのだから。この種の矛盾は人間社会に、したがって実はまた「個人」としての人間存在に、内在する矛盾である。

後から自己自身を道徳的に非難することを(はじめから)目指すというのは、道徳という内面に食い込むのでなければならない(とされている)社会的制度の、そのことそのもののさらなる外面的な利用である。それは、「法律によって罰せられることを目指す」というのと同じ形で、そうであることが不可能なはずの(まさにその不可能性こそが趣旨であるはずの)道徳性を捉えている。だから、心の底から「悪かった」と思うことこそが、同時に真に「よかった」ことになりうるわけである。

しかし、その人はこの事実を言葉で語ることができるだろうか。金川真大は死刑判決を受けて「大成功」だと語ったそうだが、この場合には、もうそのようなことは語れないはずである。なぜなら、彼あるいは彼女の行為は、大成功であった暁には、「大失敗」だったことにならねばならないからである。

宗教という、この構造の反復を阻止するためのさらに高次の制度を導入しても、同じ構造は形を変えて反復するほかはないだろう。それは興味深い文学的主題を構成するではあろうが。

4　問題の源泉へ

　では、なぜ以上のようなことが起きるのだろうか。この議論にまで入り込むことは、本稿の趣旨を超える。新聞等の取材に応じて私が伝えたかった(伝わらなかった)ことはほぼ以上のような範囲に尽きており、それ以上の内容が一般の人々に伝達できるとは思っていない。だが、ここは『思想地図』であるから、さらにもう一歩だけ突っ込んで、「社会性の彼岸をどう指し示すことができるのか」について、ごく簡略な示唆を与えておきたい。

　さて、なぜ以上のようなことが起きるのだろうか。それは社会が個人に期待し要請するものが最初から実現不可能だからである。個人に期待し要請するものと言ったが、「個人」とはまさしく社会が期待し要請するものの名であるから、こう語ることさえできない。これから語ろうとすることは、もし厳密に語ろうとすれば、その出発点においてて言語による名前をつけることさえできない。なぜなら、言語こそは社会が期待し要請するものの結晶体だからである。

　2のはじめのところで触れた論点を思い出していただきたい。そこで私はこう言っていた。「道徳的説得は未来の自分の苦痛を根拠にして悪事をやめさせようとするのではなく、そのような媒介は一切なしに、まったく直接的に、他者の苦痛を根拠に悪事を戒めようとするものでなければならない」と。「人を殴って怪我をさせては「いけない」のは、そのことで未来の自分が罰せられるからではなく、殴られる人が苦痛を感じ、不当な損害をこうむるからでなければならない。罰せられるのは、その「いけなさ」のもたらす結果でなければならないのだ」と。そうであるから、「異時点における自分の体験をあたかも他者の体験のように受け取る者にとっては、刑罰は刑罰としての意味を持たない」という主張は倒錯的でなければならないことになる。なぜなら、体験が他者のものであることによってその価値を低減するように受け取ることこそが、ここで否定されている当の事柄だからだ。だがしかし、体験は他者のものであることによってその価値を低減させる。それだからこそ、そこに罰という他者のものではない体験の介在が要請されるのだから、ここには最初から矛盾が内在していることになる。

この矛盾の正体は何か？　その源泉は次のような事実にあるだろう。客観的に見れば、自分と他人は同じ人間にすぎず、体験する快や苦もまったく同じ種類のものである（もし違うとしてもそれは他人相互の違いと同じ種類の違いである）。だが、実際には、自分と他人は天と地以上に違う。天と地ならどちらも(対象として見るという仕方で)対等に体験できるが、自分と他人ではそもそも対等に体験できないからだ(自己体験を体験の理想とすれば他者はそもそも体験できず、他者体験を体験の模範とすれば自己は体験を構成しない)。世界の中でこれほど根本的に違うものは他には存在しない。それはいわば世界そのものと世界の外部ほどにも違うのである。にもかかわらず、それほどにも違うものがまったく同じ種類のものだとされるのだ。これが矛盾の源泉である。

一般に道徳的価値評価は、前者の客観的な見方(自分と他人を同じ種類のものとみなす方の見方)に基づいて為される。このような見方を採用しないことは「身勝手」といった形容によって道徳的に非難され、自分がされたくないことを他人にしてはならないという準則は「黄金律」といわれて称揚される。「なぜ気に食わない奴をぶん殴ってはいけないの?」——「おまえだっておまえのことを気に食わないと思っている奴に(ただそれだけの理由で)ぶん殴られたら嫌だろ? それと同じことさ」。この答えには完璧な説得力がある(とされる)。このとき、こう反問することはゆるされない。「たしかに僕は僕のことを気に食わない奴に(ただそれだけの理由で)ぶん殴られたら嫌だけど、だからといってなぜ僕は僕が気に食わない奴を(ただそれだけの理由で)ぶん殴ってはいけないの？ その二つはぜんぜん違うことなのに」。ゆるされないにもかかわらず、この反問には疑う余地のない真理が含まれている。その二つは単に違うことであるどころかむしろ正反対のことであり、しかも誰もがじつはそうであることを明白に知っているからである。

この矛盾はどのように解消されるのか。それはたとえば、刑罰(という名の未来の自己の苦痛)を介在させることによって、である。そしてここから先は、これまでの議論の繰り返しである。しかも、ここに登場するのが「未来の自己」であることによって、同型の問題がここに輻輳《ふくそう》してしまう。さきほど自分と他人の対比にかんして述べたのと同型の問題が、現在と未来の対比にかんしても成立するからである。ここで「身勝手」に対応する言葉が「自堕落」である。身勝手と自堕落の対立といった別の興味深い主題もここから起こりうることになる(もちろんこの二つが協力する場合もあることはみなさんご存知のとおり)。

5 対立する二つのピクチャー

最後に、真正の哲学的な問いにジャンプしてこの議論を終えよう。以上の(4の)議論がもし正しいとしても、「自分」というものをふたたび客観的に受け取れば問題は即座に消滅する。しかも、そう受け取ることは不可避である。なぜなら、自分と他人の対比といっても、誰もがこの意味での「自分」であるのだから、「自分である」とは人間という生き物がみなそれぞれ（つまり客観的に）持つ、（たとえば「反省的自己意識」といったような）一つの属性にすぎないことになるからである。そうであれば当然、人間がみなそのような属性を持つことを見込んだ一般的な社会規範が可能なはずであり、そこから抜け落ちるものなど何も無いことになるはずだからである。

　ところが、実際にはそこから抜け落ちるものがあるのだ。あるどころか、それがあるということこそがすべての出発点で、もしそれが無ければ何も無いのと同じことだといえるほどのものが、あるのだ。この私が（そしてこの今が）存在するということがその抜け落ちるものだ、と言いたいのではない。少なくとも、それだけでは足りない。なぜなら、これまでの議論からも明らかなように、抜け落ちるそのこの性は、誰にでも（あるいは何時にでも）、つまりみなそれぞれに（＝客観的に！）割り与えられうるものだからである。なぜ、そんな（文字通り矛盾した）ことが可能なのか？

　それは私の哲学探究の根本主題であって、ここで詳述することはもちろんできない。二つの対比的なピクチャーを提示することで終わることにしたい。一つは「個体と

(それが織り成す)全体」というピクチャーであり、もう一つは「始点と(後からそれを含みこむ)総体」というピクチャーである。前者はお馴染みのものであり、ほぼすべての物事の説明と理解はこのピクチャーを前提とし、それに基づいてなされる(もちろん、先ほど言及した「個人」はこの「個体」の一例である)。後者はそれとは異なり、全体を構成する部分であるはずの各始点がむしろ全体を包摂し、全体を内属させる。しかし、すべての始点が対等に全体を包摂し内属させることは、ことの本質上、できない。たとえばアウグスティヌスは、真に存在するのは現在だけだと言ったが、そのつど実現する各現在は相互に対等であることがどこまでもけっしてできない。そして重要なことは、にもかかわらず、この後者のピクチャーはそれだけで自立することができず、必ず前者のピクチャーと併存することによって成立するということである。それが物事の理解の前提なのだから、前者のピクチャーへのこの「読み換え」の運動もどこまでもけっして終わらない(もちろんその逆の逸脱の運動とともに)。この併存は、時間論に詳しい方ならマクタガートのA系列とB系列の時間における併存を思い浮かべていただければ即座に理解していただけると思う。

そして、この併存こそが先ほどらいの「矛盾」の正体である。したがってもちろん、マクタガートの言う時間の「矛盾」も同じ種類のものである。一般に reason という意味での理性あるいは理由、つまりおよそ「わかってもらえる話」一般が、さらにはロゴスという意味での言語一般が、前者の「個体と全体」ピクチャーによって、少なくともそれと併立することによって成立している。後者の「始点と総体」ピクチャーを究極のものとして世界を捉えることは、倫理的価値がからむときには「身勝手」や「自堕落」のような否定的評価を下されるが、それを超えて理性一般に関与する場合には端的に「馬鹿げた(absurd ＝理由がない)」こととみなされるのである。それは「理由」の源泉に逆らっているからである。もしそうだとすれば、私の言わんとすることは、ふたたび矛盾を孕んだ語り方になるが、馬鹿げたことはじつは理にかなっている、ということであることにならざるをえないだろう。

6　哲学とは何か

中島義道はこう書いている。

最近、人間として最も劣悪な種族は鈍感な種族ではないかと思うようになった。この種族は、(いわゆる)善人にすこぶる多い。それも当然で、善人とはその社会

> における価値観に疑問を感じない人々なのだから。彼らは、人間の(男女の、人種の)平等のように、考えれば考えるほど途方に暮れてしまう問題にコミットしない。なぜなら、このことに疑問を感じないからであり、感じても追及しないからであり、そうしないのはつまるところ鈍感だからである。
> (『人生に生きる価値はない』新潮社、二〇〇九年、一九九―二〇〇頁)

正確に言い直して「危険を察知して安全きわまりない言説を選んでいるほど敏感でありながら、そのことを自覚していないほど鈍感である」とも彼は言う。中島の言うことは正しいだろうが、われわれの社会は社会の価値観に疑問を感じない「鈍感」な「善人」たちのおかげで成立していることは疑う余地がない。そしてそれはたまさかのことではないだろう。社会の成立の根源には、欺瞞といっては強すぎるが、ある種の本質的な忘却のようなものがあるのでなければならないからだ。とすれば哲学とは、それをどうしても想起してしまうほどに敏感でありながら、危険を察知してそのことを語ることを差し控えようとはしないほどに鈍感な営みだ、ということになるだろう。とはいえ、それはどこまでもただ語る営みにすぎないだろう。もし実践をともなえば、それはたちどころに一個の「思想」に変質するであろうから。

その営みが社会にとって余計なものだとは言い切れない。哲学は人類史において何度も新たな時代を切り開いてきたのだから。だが、つねにそうだと思うのは楽観的にすぎよう。その逆に作用する可能性もじゅうぶんにありうるからだ。しかし、そうだとしても哲学の求めるこの特殊な善(good)が消失することはないだろう。なぜなら、馬鹿げたことはじつは理にかなっているからだ。それをどこまでも語ろう、、とする営みもまたどこまでも馬鹿げ切ることができない。

「なぜ人を殺してはいけないのか」という問いは哲学的な問いか

「なぜ人を殺してはいけないのか」という問いが話題になっている。きっかけは、三年ほど前(一九九七年頃)、あるテレビ番組で、一人の若者がこの問いを発し、出席していた識者がそれに答えられなかったことにあるらしい。

小浜逸郎『なぜ人を殺してはいけないのか』(洋泉社、二〇〇〇年)、クラウド・タウンゼント『「人を殺してはいけない」と子どもに教えるには』(飯塚真奈美訳、花風社、二〇〇〇年)のような、この問いが題名とされている本(内容は題名ほどにはこの問題を主題的に論じているわけではないが)が出版され、三浦俊彦『論理学入門』(日本放送出版協会、二〇〇〇年)や由紀草一『思想以前』(洋泉社、一九九九年)もこの問いに触れ、『文藝春秋』のような雑誌も、このテーマで特集を組んだ(二〇〇〇年一一月号)。

その他の新聞、雑誌でも、しばしばこの問いが話題になっている。大庭健ほか編

『なぜ悪いことをしてはいけないのか』(ナカニシヤ出版、二〇〇〇年)は、もっと広く「悪いこと」一般を「してはいけない」理由を問うている。

人を殺すことはもちろん、一般に悪いことをしてはいけないのは当たり前のことで、こと改めてこのようなことが問われることを、そもそもとんでもないことだと感じる人は多いだろう。そういう人は、この問いを道徳的水準で受け止めている。実際、雑誌や新聞のコラムでは、この問いは執筆者の多くによって道徳的水準で受け止められ、愚かで危険な問いと見なされている。もちろん、道徳的水準ではそうである。こんなことを問う者は「ばか!」とでも怒鳴りつけて一発ぶん殴ればよい。

だが実は、この問いは、確かにある意味で危険な問いではあるが、少しも愚かな問いではない。それは一面では人間社会の成立原理そのものに関する社会科学的な問いかけを含み、さらにはそれを越えるもっと深い意味での水準の問いかけを含んでもいる。これは、何重にも慎重な答えを要求する正真正銘の哲学的問いなのである。

この問いに社会科学的水準で、すなわち人間社会の構成原理から簡明に答えているのは、『なぜ人を殺してはいけないのか』の小浜逸郎と『なぜ悪いことをしてはいけないのか』の執筆者の一人である安彦一恵である。

前者を読めば、人間社会には一般に「人を殺してはならない」という規範が存在する理由は理解できる。もし、存在するその規範になぜ従うべきなのか、とさらに問うものがいたなら、後者によって、その規範に従う方が一般に自分自身にとって利益になるからだ、と答えればすむ。犯罪は社会にとって不利益なので、社会はそれを犯す者が不利益を被るようなシステムを作ったのである。

さて、これで話が終わるのであれば、ことは簡単である。だが、実はそうではないのだ。おそらく、この問いをみずからの心に本当に感じた者なら、少なくとも、さらにもう一歩先の水準にまでは行ってしまっているはずだからである。すなわち、そうだとしても、なぜ私は自分の利益になることをしなければならないのか、という水準である。ここで問題はエゴイズムの次元からニヒリズムの次元へと移行する。今から百年前、ニーチェは百年後のニヒリズムの到来を予言して死んだが、この予言は的中したのだ。

多くの若者はすでにニヒリズム的な問いの水準を生きてしまっている。そこでは殺人とは自殺の別の形態である。そして、ここから先は、正真正銘の哲学的探究が要求されることになり、そのうえ、問い自体にもまだ先があるのだ。だが、そのような問いに答える書物はまだまったく存在しない。

主客逆転の問題からの再考

なぜ人を殺してはならないのか？　一般化して、なぜ人に危害を加えてはいけないのか？　この問いに答えがあるかどうか、本当のところはわからない。だがもし答えがあるとすれば、そのとき与えられるであろう理由の根底に置かれる(置かざるをえない)事実は、ほぼすべての人が殺されたくないと思っている、ほぼすべての人が危害を加えられたくない(単純に言えば、痛いのは嫌だ)と思っている、という事実であろう。

理由はこれだけで完成してはいないのだが、多くの人にとって、あたかもこれで理由が完成している(つまり、これだけでじゅうぶんな理由になっている)かのように見えるのではないだろうか。そして、まさにそう見える(見えてしまう)ような見方を教え込まれ、身につける(つけさせられる)ことこそが、人が「まともな人」になっていくための第一歩であり、実際、子どもはしばしばこの道筋で、道徳的規範を教え込まれている。「なんで弱い子をいじめちゃいけないんですか？」――「あなただってもっと強い子からいじめられたら嫌でしょ。誰でもそうなのよ」みたいなやりかたで(このとき、たまたま「もっと強い子」が周辺にいなかったとしても、「かりにもしそういう子がいて、そういう子にいじめられたら、あなただって嫌でしょ、それと同じことですよ」と言ってよいし、そう言うべきだという点が重要である)。

しかし、ほぼすべての人が(自分自身を含めて)殺されたくないと思っているからといって、そこからなぜ、逆に、人を殺してはならないことになるのだろうか？一般に、人が(自分自身を含めて)痛いのは嫌だと思っているからといって、そこからなぜ、逆に、人を痛くしてはならないことになるのだろうか？そもそもこの主客逆転が成り立つことそのものには、どのような根拠があるのだろうか？なぜなら、痛くさせられることは痛く感じることだから端的に嫌だとしても、人を痛くすること自体は痛くも痒くもなく、ときには快楽であろうし、殺されるのは死ぬことだから端的に嫌だとしても、人を殺すことは、発覚して死刑にならないかぎり死ぬことではなく、場合によっては快楽であろう。この差異(むしろ逆だとさえいえる根本的な差異)はどのように埋められるのだろうか？

この問いは、古典的な社会契約説が取り組もうとして頓挫した、したがって実はまだ解答が与えられていない、きわめて根本的な社会哲学的な問いである。少なくとも私は、そう確信している。

しかし、そもそもそこになお答えられていない問いの存在が認められるだろうか。そこになお答えられるべき問いがあるか否か――これこそが最初の分岐点であろう。近年のいくつかの無差別殺人事件以来、この問いは単なる理論的な問いにとどまらず実践的な問いとなっている。にもかかわらず、少なくとも私の知るかぎり、マスコミ(新聞やテレビ)は、この問いの存在そのものを決して認めない。まして事例が殺人である場合、問い自体が「狂気の沙汰」のように取り扱われるのが普通である。善悪の成立の根底を問うこの問いは、その問いそれ自体が悪とされるのである(もちろん、そのこと自体に十分な根拠がある)。

ここで、この問いそのものを本格的に考察しなおすことはもちろんできない。私の応答の骨格は本書の本文中の論稿にも示されているし、『倫理とは何か――猫のアインジヒトの挑戦』(産業図書、二〇〇三年)では、より詳しく展開されている。ここでは、観点を変えて、先ほど述べた意味で多少「実践的」な観点からこの問題に対する輪郭を描いてみたい。

たとえば、ここにもはや殺されたくないとは思っていない人がいるとしよう。彼には、先ほど述べたような主客逆転による説得は実践的な説得力がない。この主客逆転の仕組みによって守られるべきものが、彼にはないからである。それによって守りたいものがないから、いわば社会契約に参加すべき基盤そのものがないわけである。

ときに自殺未遂者に対して、「死ぬ気になれば何でもできるじゃないか」というような説得がなされることがあるが、この説得は恐るべきものである。なぜならそれは、字義通りに取られて、「死ぬつもりならば何をしてもよい」を含意していると解されてもやむをえない面があるからである。実際、自殺願望者がこの説得によって心を翻し、「そうか、俺はどうせ死ぬつもりなんだから、何をしてもいいのか」と思ったら、説得者は困ったことになるだろう。世の中の側には当人の側が死ぬ気であってもしてもらっては困ることがあるからだ。しかしこのとき、この自殺志願者が説得の趣旨を誤解したといえるだろうか？　むしろ、説得者の意図を超えてその本質をつかんだともいえるのではあるまいか。なぜなら、世の中が困ろうと困るまいと、彼の側は実際に「死ぬ気なので何でもできる」からだ。

説得者は、あるいは一般的に世の中は、彼をどう説得しなおせばよいだろうか。

どう説得しなおすにせよ、それに本質的な説得力がそなわるとは思えない。一般に、あるゲームからの降り方がそのゲームの内部のルールによって定められていたとしても実効性はないだろう。それに従わない場合の罰則もまたそのゲームの内部にしかありえないからである。この世の中から降りるつもりの人に、その降り方をこの世の中が規定してやっても説得力はないだろう(これは新憲法の制定が旧憲法による憲法改正の規定に従わねばならないわけではない、というよく知られた問題とある面で類比的である。革命によって新憲法が制定されてしまえば、旧憲法の下での憲法改正に関する規定はそのことによって死文と化すだろうからだ)。

しかし、主客逆転の仕組みによって守られるべきものがないケースは、もはや殺されたくないとは思っていない人ばかりではない。この問題は、より原理的に考えることもできるだろう。

先ほどの「いじめ」の例でもういちど考えなおしてみよう。問答がこう続く場合である。「でも、あなただってもっと強い子からいじめられたら嫌でしょ?」――「いいえ、ちっとも嫌じゃありません」。これに対して大人が実際にどう答えるかは別にして、本質的には「たとえあなたが嫌じゃなくても、みんなは嫌なの。だからやめなさい」という路線で答えるほかはないだろう。そこで理性的な子どもならこう問うべきであろう。「ということは、最初の「あなただってもっと強い子からいじめられたら……」云々という論拠の方は放棄したんですね？」。実際の大人は誤魔化すだろうが、実はそうなのである。

このとき、たいていの大人は気づかないだろうが、大人が持ち出してもよいもう一つの論点がある。それは、「たとえあなた自身が嫌じゃなくても、それが嫌であるような人のあり方を理解することはできるでしょ？　実際にはあなた以外のほとんどの人がそういう人なの。そして、あなた自身がそういう人である場合を想定してみることもできるでしょ？　だから、あなたはいじめをやめなければならないのよ」という路線である。

しかしふつう、大人はそうは言わずに、こう言うのではないだろうか。「弱い者いじめばかりしていると、みんなから嫌われて誰も友達になってくれなくなりますよ」。あるいは「そんなことをすると、私があなたを罰しますよ」と。もし、子どもがどちらもなんとも思わないと言い、実際にそうであるなら、問答はこれで終わりである。問答どころか、すべてはこれで終わりである。そして、実際、この子どもに類する人間は実在するのである。

殺人の場合、「私があなたを罰します」にあたるのは、国家の与える死刑で、ここで話は先ほどの話に戻る。しかし、ここでもこの子どもは「友達がいなくても、あなたに罰せられても、ぜんぜん平気です」と答えるわけである。いやそれどころか、むしろ逆に、「僕はあなたに罰せられたいので、そのためには弱い者いじめをすればいいことになりますね?」と言うかもしれない。どんな制度もいったん成立してしまえば、制度設立の趣旨とは異なる利用の仕方が可能になる。なぜかどうしても死刑になりたい(死刑という死に方で死にたい)人がいたら、その人は死刑に値することをするしかないだろう。

この論点が法律の範囲を超えて道徳にまで拡大されたとき何が起こるかはきわめて興味深い問題である。そもそも刑罰の存在は必然的に「してはいけなさ」の倫理的本質を破壊し相対化してしまうからだ。「刑罰を受けるつもりならばしてもよい」というように。世の中の与える道徳的非難もまたこの刑罰に類するものであらざるをえないのではあるまいか(この点はここでは論じられないので、興味のある方は次の「道徳の腹話術」を読んでいただきたい)。

とはいえもちろん、われわれはみな平等に単なる一個人にすぎない。そして一個人にすぎない以上、主客逆転が可能でなければならない。なぜなら個は、主であっても客であっても、同じ個であるはずだからである。主体であることと客体であることは、その人が持ったまさかのあり方にすぎない。これはまったく自明なことであると言ってもよい。そこで、先ほど述べた「たいていの大人は気づかないだろうが、大人が持ち出してもよいもう一つの論点」が効力を持つことになるだろう。それは「あなたが主体であるとき、あなたは現実的に客体でなくとも、可能的に客体ではある。したがって、可能的に客体化されたあなたもまた受け入れられるような仕方で行為しなければならない」という主張を含んでいた。これは要するに、「あなた」が個であることを論拠に主客逆転の可能性を主張したものだといえるからだ。

この主張は、社会の中で(つまり他者とともに)生きる以上、必ず受け入れさせられるものではある。だが、受け入れない二つの論拠がありうる。実際、加藤智大や金川真大はこの論拠を持ち出してもよかったし、実質的には現に持ち出しているといえる。

第一の論拠は、「そもそも俺は、主客逆転不可能だからこそ俺であるのに、なぜ「K」という固有名が指す主客逆転可能な個体と同一視されなければならないのか?」というものである。「世界の中に唯一つ、(つねに主体であるという意味で)主客逆転不可能なものがあって、それはつねに他の客体的なものから截然《せつぜん》と区別されている。だからこそ俺はどれが俺であるか分からなくなることがなく、俺を他の人間と決して混同できないのだ。もちろん、逆に、「他の客体的なもの」の方は決して主体化されない。これは決して否定することができない原事実である。両者に共通に成立する主客逆転可能性は、言語的交通のために捏造された絵空事にすぎない」。

第二の論拠はこうである。「それでも、もしすべての個体が内容的に同じ諸性質しか持っていないなら、主客逆転の仮構に実害はないだろう。しかし現実には、Kは他の個体とまったく異なる特定の諸性質を持たされてしまっているではないか。そうしておいて、平等な客体化を要求されても、どうしてそんなことが受け入れられようか。主客逆転の容認は、そうすることが有利な者の間でだけ成り立つべきものである。俺にはそのメリットがないから、そんな絵空事は決して認めない」(カール・マルクスは資本主義社会における契約の形式的平等の下には実質的な不平等が存在することを指摘しこれを「搾取」と名づけたが、資本主義社会のみならず「契約」における実質的不平等は必然的だとさえいえるだろう)。

以上の主張に対する反論はいろいろ考えられるが、最も原理的で本質的なものは、私の見るところでは次のようなものである。「あなたがそう言うとき、あなたはもうすでに言語的交通に対する信頼を表明してしまっているではないか」。この反論は第一の論拠に痛撃を与えるだろう。なぜなら、この反論は次のように続くからである。「もし主客逆転が成立していないなら、私たちは「あなた」が「言う」ことを理解できないはずだろう。なぜなら私たちにとって「あなた」などという「客体」は存在しないことになるはずだからだ。あなたが「俺」と言っても、私たちは誰が何を言っているのか皆目わからない」。彼の「言う」という行為は、主客逆転への、したがってまた道徳の原基形態への、確固たるコミットメントを含んでいるというわけである。

とはいえ、この反論は彼にとって痛くも痒くもないかもしれない。彼は、言語というものの持つ意味を通常とはまったく違った仕方で――むしろ料理や庭いじりに類するものとして――捉えている可能性がなおありうるからである。つまり彼は、魚に塩をふるように「俺はKと名づけられた客体ではない」と語り、庭の雑草を抜くように「俺の置かれている状況は特別悲惨だ」と言うのかもしれない。どちらの場合も、成功すれば発話によって世界を変えることはできても、第二人称の対等の話し相手はおらず、彼自身も第二人称化されうる一個人としては存在しない。

ここまで来ると、先ほど述べた「あるゲームからの降り方がそのゲームの内部のルールによって定められていたとしても実効性はない」という論点がより原理的な水準で確認されたことになるだろう。「降りる」とは、ここではもはやこれからなされる行為ではなく、実はもうなされている実践になるからである。*

＊「覚悟性(決意性)が先駆しつつ死の可能性をおのれの存在可能《ありうる》の内部へ取り込んでしまったとき、現存在の本来的実在はもはや何ものによっても追い越されえない」(M・ハイデガー『存在と時間』第六二節)。

問題をこう捉えるかぎり、原理的な解決策はありえないだろう。「社会」とか「世の中」とか名づけられた主客逆転の仕組みそれ自体に対する復讐をさせないために、世の中の側はいくつかの対症療法を施すことができるだけである。たまたま思いつくものを三つ挙げて終わろう。主客逆転によって便益を得ていないと感じるような人を作らないように福祉政策を徹底すること。他者に害悪を及ぼさずに気持ちよく死んでいける快適な自殺方法を開発し、人生ゲームから降りたい人がそのやり方で降りることを立派な行動として世の中が賞賛すること。死刑以上の残虐な刑罰を復活して「死ぬ(死刑になる)つもりならなんでも……」という思想の拠り所を潰すこと。

道徳の腹話術

私　さっき田島さんちのお嬢さんと話してただろ？

ペネトレ　いかにも。吾輩は話しておった。

私　なに気取ってるんだよ。さっきも気取って「吾輩が登場する必然性というものがある」とかなんとか言ってなかった？

ペネトレ　でも、あれは正しいだろ？　お嬢さんは「腹話術」って言ってたけど、まさにそのとおりで、あなたはオレという腹話術の人形をぜひとも必要としたわけだ。自分の口からではなく、オレという化け猫の口から語らせる必要性があったんだ。そうだろ？

私　それは、もちろん、そうさ。あの種の真理を「語る」にはどうしたって腹話術が必要とされるからね。あからさまに腹話術を使わなくたって実際には腹話術になっている場合があるんだ。だから、それをあからさまにして、真理の語りの腹話術性を「示し」たいという欲求はあったね。

ペネトレ　たとえば、この『子どものための哲学対話』の一二四ページで、オレはこう言っている。「世の中がきみに与えることができるいちばん重い罰は死刑だね？　死刑以上の重罰はないだろ？　ということはつまり、世の中は、死ぬつもりならなにをしてもいいって、暗に認めているってことなんだよ」。しかし、これはたんなる事実だろう？　せいぜいたんなる論理的推論だ。ただ、実際にそうなっているぞ、と言っているだけのことだろう？　こんなことを語るのにもやはり腹話術が必要なのか？

私　表面的に見れば、きみの言うとおりだ。だから、その程度のことなら、私が自分の口から言ったってたいした違いはない。それでも、そこにだってやっぱり腹話術的問題は隠れているんだ。

ペネトレ　どこに、どんなふうに？

私　その例で言えば、真と善が矛盾しているという形で。

ペネトレ　それはつまり、「邪悪なる真理」を語るためには、語り手はあたかも自分でない者の口から語るかのように語らねばならないということか？　そうだとすれば、それはたんに、プレイヤーとしてプレイしながらではそのゲームのルールの問題点を指摘することはできない、ということにすぎないんじゃないのか？

私　一般化してわかりやすく言えば、そういうことになる。

ペネトレ　しかし、ルールの問題点を指摘するプレイがその内部に組み込まれたゲームだってあるだろう？　人間社会における哲学の位置とは、そもそもそういう位置なのではないのか？

私　そのとおりだが、まさにそうであることを「示す」ために、腹話術という形態が必要とされるのだ。哲学がプラトンの対話編からはじまったことの意義もそこにある。さっききみが引用した、きみの一二四ページでの発言は、たんなる法律問題にすぎないから、たんなる事実問題だともいえる。実際、刑法にはどこにも「人を殺してはいけない」などと書かれていない。刑法一九九条はただ「人を殺した者は、死刑又は無期若《も》しくは五年以上の懲役に処する」と言っているだけだ。しかし、その背後には「〜してはいけない」という道徳問題が隠れていて、それはたんなる事実問題ではないのだ。

ペネトレ　というと？

私　きみの発言をちょっと変えて、こう言ってみたらどうだろう？「世の中がきみに与えることができる究極の否定的評価は最上級の道徳的非難だよね？　それ以上のものはないだろ？　ということはつまり、世の中は、最上級の道徳的非難を受けるつもりなら何をしてもいいって、暗に認めているってことになるんだよ」。

ペネトレ　たしかに。そういう主張が気に入らない人も、それに対して道徳的非難をすることしかできないな。

私　いや、問題の根はもっと深い。まず第一に、この事実は逆用することができるようになる。死刑の場合に、もし死刑になりたい人がいたら死刑に値することをするしかないのと同じことで、もし最上級の道徳的非難を受けたい人がいたら、その人はそれに値することをするほかはない、ってことになる。

ペネトレ　でも、そんなやつがいるかな？

私　いるかどうかという問題ではなく、もしいたら必ずそうなる、という構造上の必然が問題なのだ。そして第二に、さらに重要なことは、法律ではなく道徳が問題である以上、この事実はさらに内面化することができるし、されざるをえない、ということだ。同じ問題が、他者からの道徳的非難ではなく自分自身の道徳的自己評価に及ぶのだ。

ペネトレ　それはつまり……、もし自分自身に最上級の道徳的非難を与えたいやつがいたら、そいつはそれに値することをしたと人から思われるだけでなく、自分自身でもそう確信しなければならない、ということかい？

私　そういう人が最後に心の底からこう言ったとしよう。「私は自分のしたことを心の底から悪かったと思っている」と。これは、彼あるいは彼女の人生に対する深い満足の表現なのだが、人間社会の内部にいる者の言える言葉ではない。いや、字面の上ではもちろん言えるよ。言えるのだが、言葉の意味それ自体が彼あるいは彼女の真の意図を通じさせなくしている。そして、人間が言葉で考える以上、この「意味の通じなさ」は自分自身に対してさえもいえることなのだ。

ペネトレ　それはつまり、邪悪な真理はそもそもそれを語る言葉自体を成り立たなくさせる場合があるってことか？　しかしそれは、さっきオレが言った「プレイヤーとしてプレイしながらでは……」という問題の、ちょっとした変形版にすぎないんじゃないのか？

私　いや、それだけじゃない。ここでは言葉の意味が成り立たないという意味の「言えなさ」と「言ってはいけない」という意味の「言えなさ」が合致しているのだ。それが問題の根本だ。

ペネトレ　法律問題のときにはまだ独立性をたもっていたことが、ここでは合体してしまう、ってことか？　そうかもしれないが、それは田島さんちのお嬢さんの言う「腹話術」とは意味が違うのではないかな？

私　いや、本質的には同じだと思う。なぜなら問題は言語の本質にあるからだ。言語は、ある種のことを語るときに「腹話術」を要求する構造を内に秘めているんだ。

ペネトレ　でも、オレはその話を聞いて、むしろ真実はちょうどその逆で、言語というものの方が最初から腹話術なんじゃないかって気がしてきたけどな。

私　きみの側から言えばそうだろうけど、われわれの方は「腹話術の人形の役割をする化け猫」ではないからね。

Ⅲ　存在

第5章　現実性について

1　現在(今)について

大学一年生の学生から、面白い話を聞いたことがある。彼女は、中学か高校の国語の授業で「今を精一杯生きよう」というような趣旨の文章を読まされたとき、奇妙に感じたという。「この文章の著者は、今だけ精一杯に生きればよいと言っているようだ。でも、今なんてすぐに終わってしまうではないか。私は明日も、明後日も、ずっと精一杯生きていきたいと思っているのに、なぜこの文章の著者は、今さえ精一杯に生きれば先のことはどうでもいい、というようなことを言うのだろうか」。もちろん、この学生は文意を誤解しており、後で自分でもその誤解に気づいた、と言っていた。けっこう笑えるが、本当のことであったようである。ところでしかし、これはどのような種類の誤解なのだろうか？

さて、今(現在)とは、私がキーボードをたたいてこの原稿を書いているこの時点である。この時点以外に今(現在)は存在しない。これは疑う余地のない事実だろう。今であるこの時点において、もちろん、私の知らない色々なことが起きてもいるだろうが、ともあれ、この時点が今(現在)であって、これ以外の時点、たとえば一昨年の大晦日や明後日の正午が今(現在)ではないことははっきりしている。それらの時点は、必ず過去か未来かである。これは、疑う余地のない真実だといえよう。しかし、そうだとすると、先ほどの学生はどこが間違っていたのだろうか？　むしろ正しかったのではないか？

「今(現在)」という言葉には、もう一つの意味(あるいは使い方)がある。「今を精一杯生きよう」の場合の「今を」は、「その都度その時点を」という意味である。だから、生きているかぎり、いつでも(今でなくても！)その時点が今である。この意味では、一昨年の大晦日や明後日の正午も、一昨年や明後日であるにもかかわらず、今(現在)であることができる。たとえば、「明後日の正午における今(現在)」というような言い方もできることになる。明後日の正午は、明後日なのだから、今(現在)ではないはずだ、などとは言えないことになる。

しかし、なぜ二種類の今(現在)があるのだろうか？　このことを考えるために、もし二種類なかったらどうなるか、を考えてみよう。

まず第一に、もしこの原稿を書いている現実の今の方しかなかったら、つまり、過去や未来のその時における今(現在)というものがなかったら、と考えてみよう。その場合、たとえば自分の過去の日記を読み返して、「私は今モーツァルトのピアノ協奏曲第二〇番を聞きながらこの日記を書いている」という文を読んでも、その意味が理解できないことになる。過去の日記なのに今であるはずはないからだ。しかし、それなら私は何のために(誰に何を伝達することを意図して)それを書いたのか。初めから書く(書き残す)意味はなかったことになるのではあるまいか。同じことを時点をずらして言えばこうなるだろう。私が今、現に日記をつけているとして、「私は今、コーヒーを飲みながら日記をつけている」という文を、未来の自分が読んで理解することを意図して、今書くことができなくなる、ということに。すると、「今(現在)」という語は十全には機能しなくなるだろう。

逆に言うと、私が私の日記に「今」と書くとき、私は、今、現に書いているにもかかわらず、後からは「今、現に」ではなく「その時点において」の意味で読まれることになることを、今、もうすでに知っていることになる。現実の現在が「過去における現在」になることを、現実の現在において、すでに知っているのでなければ、「今」

という語は使えないことになる。

しかし、そうなることが初めから分かっているなら、それだけあればいいのではないだろうか。現実の今の方は、最初から、不要ではないか。そこで第二に、現実の今(現在)という特権的なものはなく、それぞれその時点における今(現在)というものしかない場合を考えてみよう。つまり、そうしたたくさんの可能な今(現在)の中で、この原稿を書いている特定の時点こそが真の現実の今である、というような事実は存在しない、という場合である。言語の働きという点に関するかぎり、それで失われるものは何もない。むしろ、その場合、きれいに言語に載るものしか残らない(載らずに残る残余がない)という意味で、かえってすっきりするとさえいえる。

しかし、それがどういう状況であるのか、われわれは想像することさえできないのではあるまいか。より以後の(という意味での未来の)自分が、より以前の(という意味での過去の)自分の日記を読み返して、そこに「私は今モーツァルトのピアノ協奏曲第二〇番を聞きながらこの日記を書いている」という文を読めば、その意味は何の問題もなく理解できる。その「今」とは、初めから日記を書いた時点におけるその時点のことを指しているのであって、そうでしかなかったのだから。それを書いたその時点においてすでに、私の書いた「今」は「その時点において」という意味であり、

「この時点において」という意味ではなかった。これは何を意味するのだろうか？ それしかなくても、それでも私は人生を生きていたといえるだろうか。たとえ人生を生きていたとしても、生と言語を結合しえていただろうか。

その時点におけるそれぞれの今(現在)というものがあるだけで、特権的な現実の今(現在)というものはない状況ということで、いったいどういう状況を、どのような人生を、想像すればいいのだろう。それは、そもそも想像可能な人生だろうか？

2　私について

まったく同じことを、今度は「私」で考えてみよう。

前述の大学一年生の学生の話の「私」バージョンは、どんな話になるだろう？ おそらく、「今を精一杯生きよう」に対応するのは「自分の人生を大切に生きよう」とでもなるだろう。すると、かの学生の「私」バージョンがいたら、こう感じるはずである。「この文章の著者は、私の人生だけが大切だと言っている。でも私は、すべての人の人生が大切で、みんなそれぞれ自分の人生を大切に生きた方がいいと思うけどな」。このような誤解の可能性は、先ほどの「今」の場合より遥かに起こりにくいだろう。理由は簡単で、他人の書いた文章を読むとき、あたかも私がそれを読む今、それが書かれているかのように——つまり書き手の今と読み手の今が一致しているかのように——それを読むことは可能だが、あたかもそれを読む私がそれを書いているかのように——つまり書き手の私と読み手の私が一致しているかのように——それを読むことはまず不可能だからである。

とはいえやはり、同じ問題は成立する。今が、私がキーボードをたたいてこの原稿を書いているこの時点のことでしかない(この時点以外に今は存在しない)という意味では、私は、この人間、永井均でしかありえない(つまり、この人以外に私は存在しない)。ある意味で、これは疑う余地のない真実である。私であるこの人物について、私の知らない色々な事実が存在するかもしれないが、ともあれ、この人物が私であって、この人物以外の人、たとえばイチローやキムタク(木村拓哉)などは私ではない。彼らは、明らかに私ではなく他人である。そのような意味では、先ほどの学生(「私」バージョン)は、間違っていなかったことになるだろう。

すると、「私(自分)」という言葉にも、二つの意味があることになるだろう。つまり、「自分の人生を大切に生きよう」の場合の「自分」は、「それぞれの人にとっての自分」という意味である。だから、誰でも(私でなくても!)その人自身が「私」である。この意味では、イチローもキムタクも「私」である。すると、たとえば、「イチローの「私」」というような言い方ができることになって、「イチローは他人だから「私」ではないはずだ」などとは言えないことになる(これが「自我」という発想(conception)の起源である。「自我」とは元来、他人にも認めることができる、この意味での「私」に起源を持つ。それが翻って私自身にも認められるようになったとき、「私の自我」(私の私!)というものが想定可能になり、「自我」概念が完成するわけである)。

さて、今度も、もし二種類の意味がなかったらどうなるか、を考えてみよう。

まず第一に、「私」ということで、この原稿を書いている現実の私(の私)しか意味できなかったら、と考えてみよう。つまり、イチローやキムタクの(彼らにとっての)「私」なんて無意味だったら、と。その場合、たとえイチローが私に「私はイチローです」と話しかけてきても、その意味が理解できないはずである。イチローは他人なのだから私であるはずがないからである。しかし、そうであるならば、逆に、私がイチローに向かって「私は永井均です」と言うことも無意味になるはずである。確かに私はそう思ってはいる。しかし、イチローが、私のその発言を理解することはありえない(ということを私は知っているはずである)。先ほどの「今」の場合に、「私は今、コーヒーを飲みながら日記をつけている」という、私が今書く文を、未来の私が読んで理解することがありえない(ということを今の私がすでに知っているはずである)のと同じことである。すると、「私」という語は機能しなくなるだろう。

ただし、「今」と違って「私」の場合、イチローが私の発言を受け入れる可能性はある。彼が、私の使う「私」という語を(一神教の)「神」に類する語として理解し、「私」は(イチローではないのはもちろん)キムタクでもナベツネでも……でもなく永井なのか、と理解する場合である。彼はこう理解すべきである。「外界や他者が、この私が知覚したり理解したりするものにすぎないように、ちょうどそのように、この私なんかじゃない、もっと本格的な真の私というものが存在しており、それは永井均だったんだ」と。これは、客観的に公認された形態の独我論だといってもよい。つまり、永井である私は神のような存在であることになる。それは、世界の可能なあり方である。

なぜかは知らないが、実際の世界はそのようになっていない。もし世界が実際にそのようなあり方をしていたら、つまり、私の生まれた世界が、(イチローのみならず)すべての他者が永井均である私だけを真の私とみなすような世界だったら、私は(その私が、かりにまた懐疑論的な哲学者でもあったとしても)公認されたこの独我論

(solipsism)の真理性を疑い、ひょっとしたら本当は複我論(multipsism)が正しいのではないかと疑うことは、とても難しいだろう。もし疑うとすれば、私は何を、どのような可能性を、疑えばいいのだろうか。イチローやキムタクもまた、私と同じように、「私」であることを信じるとは、何を信じることなのだろう？　同じでなさこそが「私」の意味だと信じているというのに。*

＊　言うまでもないことだが、イチローやキムタクに心や意識や自己意識があることは前提されている。彼らは、ただ事実私ではないだけである。そして、ただ事実私でないから私でないとされていたのだから、彼らもまた私であると認めるには、私は彼らに何を認めればいいのであろうか。それが問題なのである。

しかし、もしそのような公認された独我論が可能なら、「今」の場合でさえ、その種の可能性を考えてみることはできる、と思われるかもしれない。「今」を、時間的一神教における「時の中心」として理解し、たとえば「今は二〇〇八年一月一日である」という文を、「すべては、本当は二〇〇八年一月一日に始まっている」と理解する、という方針もありうる。過去がこの今(現在)において想起され、未来がこの今(現在)において予期されるものであるにすぎないように、ちょうどそのように、個々の「この今」なんかじゃない、もっと本格的な真の今(現在)というものがあって、それは二〇〇八年一月一日だったのだ、と。しかしこれでは、客観的に公認された形態の独今論(solnuncism)だとはいえないだろう。「今」は「私」と違って移動を本質とするからだ。

次のような考え方が、「私」の場合の正しい対応物になるだろう。この原稿を書いているこの現実の今しかないのではなく、そのつどその時点での今しかなく、その時点から見て過去や未来の時点における今というものがない、というケースである。その場合、たとえばその時点の私が(その時点から見て)過去の自分の日記を読み返して、「私は今モーツァルトのピアノ協奏曲第二〇番を聞きながらこの日記を書いている」という文を読んでも、その意味が理解できないことになる。過去の日記なのに今であるはずはないからである。どの時点においても、そういうことになる。この場合も、私は何のために(誰に何を伝達することを意図して)その日記を書いたのか分からなくなるし、同じことを時点をずらして言えば、私がその時点で、未来の自分に伝達することを意図して、「私は今、コーヒーを飲みながら日記をつけている」という文を書くことも無意味になる。

しかし、このような場合、「私」の場合に各人がそれぞれ「私」であることを認められなかったのと違って、各時点がそれぞれ「今」であることは認められている。ただ、それぞれその今から見て過去や未来に「今」を認めないだけである。「今」の場合、「私」が固定的に誰かある人物であるのと違って、本質的に固定的な内容的性質を欠いているので、そのように考えざるをえないのである。したがって、客観的に公認された形態の独今論(solnuncism)は純粋な形では成立しえない。独今論を客観化して、時の神を作り出すことはできない。

そこで第二に、現実の私という特権的なものはなく、それぞれその人における私というものしかない場合を考えてみよう。つまり、そうしたたくさんの可能な私の中で、この原稿を書いている特定の人物こそが真の現実の私である、というような事実は存在しない、という場合である。私が私であるのは、イチローやキムタクが彼ら自身にとって「私」であるのと同じ意味である。イチローが私に「私はイチローです」と話しかけてくれれば、ちゃんと意味がわかるし、私がイチローに向かって「私は永井均です」と言うことも、もちろんできる。言語の働きという点に関するかぎり、それで失われるものは何もない。むしろ、その場合、きれいに言語に載るものしか残らない(載らずに残る残余がない)という意味で、かえってすっきりするとさえいえる。*

＊　実はここには、注目すべき事実が隠れている。私がたとえば論文を書いて、ここで論じているような内容を読者である他者に伝達しようとするとき、伝達状況にある私は、私の

想定を、暗黙のうちに一歩進展させているのである。「現実の私という特権的なものはなく、それぞれその人における私というものしかない場合」という想定それ自体が、それぞれの私において成り立つ場面に進展している。「正当に「私」と言えるのは永井であるこの私一人だけで、他者たちはもはや「私」ではない」という見地から出発して、それが否定されるのではもはやなく、「正当に「私」と言えるのはそれぞれの人たち自身であり、それぞれの人にとっての他者たちは「私」ではない」という見地から出発して、それが否定されることになるのである。この進展(あるいはむしろ後退)が興味深いのは、それが「今」の場合の、「この原稿を書いているこの現実の今しかないのではなく、そのつどその時点での今しかなく、その時点から見て過去や未来の時点における今というものがない、というケース」にあたるからである。つまり、コミュニケーションは、時間の場合の「変化」(「今」の移動)にあたるものを前提にしているわけであり、それゆえに、変化によって独今論(solnuncism)が純粋な形では成立しえなくなったのと同様、コミュニケーション(「私」の移動)によって独我論(solipsism)は純粋な形では成立しえなくなるのである(第4章の二つのピクチャーのあいだの「読み換え」の議論との対応にも注目されたい)。

しかし、それがどういう状況であるのか、われわれは想像することさえできない。たくさんの人がいて、それぞれ自己意識をもって自分自身を「私」という語で指している。その中にこの私自身もいて……、と言いたくても、どうやってそれを識別したらよいのか、それがわからない。その意味で、これは私は存在しない状況である。永井が私であるのは、イチローやキムタクにとって彼ら自身が、それぞれ「私」であるのと同じ意味においてでしかない。これは私が、つまり現実の私が存在しない状況である。

イチローが私に「私はイチローです」と話しかけてくれれば、ちゃんと意味がわかるし、永井がイチローに向かって「私は永井です」と言うことも、もちろんできる。言語の働きという観点から見るかぎり、この状況は現実の状況と些かの違いもない。何も失われてはいない。むしろ、きれいに言語に載るものしか残らない(載らずに残る残余がない)という意味で、かえってすっきりするとさえいえる。とはいえ、イチローやキムタクでなく、永井が現実の私であるという、いちばん肝心な事実が残らないのだから、言語的には森羅万象に寸毫《すんごう》の変化も起きていないにもかかわらず、実のところは森羅万象は無に帰したも同じである。

「それを書いたその時点においてすでに、私の書いた「今」は「その時点において」という意味であり、「今」という意味ではない」という、「今」の場合における現実的「今」の剝奪にあたる事実は、この現実的「私」の剝奪状況の場合、「それを発言したその人においてすでに、発言された「私」は「その人(＝発言している人)」という意味であって「私」という意味でない」という事実ということになる。

しかし、注意せよ。(先ほどの一五六ページの注記で書いたような論点を前提にすると)この事実は各人における直接的自己意識の剝奪という意味に読み換えられるのである(直接的自己意識とは、自分であるその人物の認知を経由しない自己把握のことで、記憶や身体を失っても自分を他者から識別できることから、誰にでもそれはあると考えられる)。これが「読み換え」であることこそが決定的に重要である。私が問題にしたい内容を読者である他者に伝達しようとするとき、伝達状況にある私は、私の想定を、暗黙のうちに一歩進展させ、「現実の私という特権的なもの」が、私のみならず読者である他者にもあるかのように語らざるをえないからである。他者と共有されたその新たな状況設定において、現実的な「私」が剝奪されるとは、各人において直接的な自己意識がなくなる(その意味で一種のゾンビになる)ことの想定と解釈されるほかはない(それ以外にどんな可能性があろうか?*)。

＊　逆に、純化された直接的自己意識がそれ自体だけで(人物から離在して)人物間を転移可能であるというような想定に読み換えられもするわけである。いずれにせよ、問題があたかも「自我」にあるかのように読み換えられる点が重要である。

元来の想定はそうではなかった。元来の想定では、現実の私が現実の私としては存在しなくなるだけで、現実的な私でなくなるその人物(永井)は、直接的自己意識を持ったまま存在していてかまわなかった。ただ、そいつが世界における唯一の現実の私であるという事実だけが消滅している、と言っているにすぎなかったのである(このように言っても、すでに読み換えられた水準でしか問題を理解できなくなっている読者もいるだろう)。

自我や自己をめぐるほとんどすべての哲学的議論は、進展(読み換え)が終わったこの次元から始まっている。これは実は問題の誤認なのだが、この問題は公的な問題としては誤認とともにしか始まらない必然性がある。そして、まさにそのことこそがこの問題の問題性そのものなのである。

3　現実について

現実の今や現実の私こそが問題である以上、まったく同じことは「現実」そのものについても考えられるはずである。

前述の大学一年生の学生の話の「現実」バージョンは、どんな話になるだろう? おそらく、「今を精一杯生きよう」に対応するのは「現実を大切にして生きよう」とでもなるだろう。すると、かの学生の「現実」バージョンがいたら、こう感じるはずである。「この文章の著者は、この現実だけが大切だと言っている。でも私は、たとえ本当の現実でなくても、かりに現実であったら、そのすべてが大切で、どの現実に関してもその現実を大切に生きた方がいいと思うな」。さて、「今」や「私」の場合と違って、これは誤解ではない！

正しい解釈に基づいた反論であるといえる。他人の書いた文章を読むとき、あたかも私がそれを読む今、それが書かれているかのように——つまり書き手の今と読み手の今が一致しているかのように——それを読むことや、あたかもそれを読む私自身がそれを書いているかのように——つまり書き手の私と読み手の私が一致しているかのように——それを読むことは誤りだが、あたかも私がそれを読む同じ現実において、それが書かれているかのように——つまり書き手の現実と読み手の現実が一致しているかのように——それを読むことは、むしろコミュニケーションの前提だからである。

「今」や「私」の場合の、キーボードをたたいているこの時点だけが現実の今であることや、永井であるこの人物だけが現実の私であることに相当することが、現実の場合、いわばはじめから当たり前のこととして成立しているのである。現実ははじめから現実の現実なのであり、現実の現実ではない、もう一つの別の意味での現実は、いわば比喩的な現実であって現実の現実ではない。問題が現実性にあるのだから、現実の現実でない現実は端的に現実でないに決まっている。

すべては、この現実の内部にあり、その外は存在しないのだから、これは当たり前のことだといえばそうもいえる。が、しかし、言語の働きという観点から見れば、これは、独今論や独我論が当たり前であることに類する、とんでもない独断であるともいえるのだ。

たとえば、小説、漫画、映画、演劇、テレビ・ドラマのような虚構作品を考えてみよう。作品の中で登場人物は「もうこの現実には耐えられない」というような発言をする場合がある。その「現実」とは、もちろんその世界の現実のことであり、現実の現実のことではない。しかし、われわれはその発言を難なく理解し、「いや、それは現実ではないよ」などと突っ込みを入れたくなることはまずない。過去の日記に書かれた「今」や、他人の発言する「私」に対して、それは本当の「今」や「私」ではないよ、などと思わないのと同じである。

しかし、それでも、それは現実ではない。これは確かなことだ。それだけではなく、「今」の場合のように、この現実が他の現実に変化していったり、「私」の場合のように、この現実が他の現実と話し合ったりすることもない。そう考えれば、「現実」がこの二つの意味を持つことは、ある意味では「今」や「私」の場合以上に、不思議なことではなかろうか。われわれはなぜ「現実」の持つこの「矛盾」をなんとも思わずに見過ごしているのだろうか。*

＊「矛盾」と言ったのは、マクタガートの言う「A系列の矛盾」がこの「矛盾」に対応すると思うからである。

ところが、見過ごしているどころではないのだ。現実の現実ではない「現実」にも、正しく「現実」という語が適用できることを知っていないと、われわれは、現実の現実を指して「現実」と呼ぶことさえもできない。他にも可能な現実(現実でない現実!)がありうることを知っていることによって、この現実の現実を「現実」として指せているわけである。これは、「今」や「私」の場合と同様であり、いわばここでもまた「矛盾」が不可欠であるようなのだ。「今」や「私」の場合と同じ思考実験を、ここでもやってみよう。

まず第一に、「現実」ということで、この現実しか意味できなかったら、と考えてみよう。つまり、小説や映画の世界の「現実」なんて意味がわからなかったとしたら、と。その場合、映画の中の登場人物が「もうこの現実には耐えられない」などと言うのを聞いたら、笑いたくなるかもしれない(なかなか気の利いた比喩だとは思って感心するかもしれないが)。だが、そうだろうか。この発言を笑いたくなるのは、もちろん、こちらの方が現実であると確信しているからだろう。しかし、その確信が確信であるためには、そうでない可能性を考慮に入れたうえでのその否定でなければなるまい。あちらの世界の可能的な現実性が理解もできないのに、なぜこちらが現実の現実だと確信できることがあろうか。こちらが現実の現実だと確信するためには、あちらの現実性ということの意味が理解できなければならないだろう。しかし、逆に、なぜ理解できるのだろうか。現実でないことがはっきりしているというのに。

言語がそれを可能ならしめる、というのが答えだろう。たとえば「この花」という把握が成立するためには、「これ」が「花」という(他にもその実例がありうる)ものの一例であることが理解されていなければならない。他の花の存在(の可能性)は前提されている。それが、対象を概念的に把握する(begreifen)ということであり、言語的把握の第一の前提である。しかし次に、言語はこの把握方式を、「花」のようなもともと対象的・客観的に複数個存在しうる「種」にだけでなく、「今」や「私」や「現実」のような、元来は複数個存在しえなかった、本質的に概念的な把握が不可能なものにも適用し、「種」化して把握することに成功した。時制、人称、様相の成立である。これはほとんど奇跡的な、画期的事件というほかはない。われわれはすでにそれに慣れきっているので、もはやなんとも思わなくなってしまっているが、実のところは、これはまったく信じがたいことではないか？　どの時点も（その時点にとっては）「今」である？　誰でも（その人にとっては）「私」である？　どうして？　だって、その時点なら、それだけでもう今ではないし、その人なら、それだけでもう私ではないではないか？　確かに、そうである。だが、そうであると同時に、もはや、そうではないのだ。

なぜなら、この現実性と可能性の対比は、現実の現実と可能な現実との対比においてだけではなく、一つの可能な現実を出発点にして、そこから見て「可能的」な別の「現実」との対比にも使えるからである。つまり、現実性と可能性の対比自体が可能化されているわけである。そうでなければ言語表現に乗らないだろう。「この花」以外の花も、まさに「この花」以外であるにもかかわらず、それぞれに「この花」でありうる、のと同様、この現実以外の世界も、まさにこの現実以外であるにもかかわらず、それぞれ「現実」世界でありうるのだ。もちろん「その世界にとっては」である。われわれはこの非現実的な仮想を、ただひとこと、「現実に」という言葉を付加するだけで実現できる。現実に現実なのではなく、その世界にとっての現実にすぎないにもかかわらず、それは「現実」となる。

われわれは、この「にとっては」を理解することによって、反省的・再帰的性質を理解するのだが、それを理解した段階でもなお、現実の現実そのものの現実性を把握するに際しては、この反省的・再帰的性質を適用する必要がない。正確に言えば、概念的に把握するためにはその必要があるのだが、もしそれしかなかったら、重要な(おそらくはこの世で最も重要な!)要素が抜け落ちてしまうことになる。[*1]「現実の現実」という言語表現は、高階の反省を表現しているが、それはただ反省のまったき欠如に到達するための苦肉の策でしかない。だからこそ、その現実性はまったく特別の現実性として君臨し続けている、のではあるのだが、にもかかわらず、それを言語的に表現しようとすれば、もはや高階の反省表現によってしか表現することができないのだ。[*2]

＊1　これの欠如を「現実性ゾンビ」と呼ぼう。現実性ゾンビは、通常の哲学的ゾンビと同様、ある意味ではすべてを失うが、ある意味では何も失わない。

＊2　しかし、さらに、この最後の言い方でさえもが、他のあらゆる「現実」に妥当する言い方になることは言うまでもない。

以上の展開は、「今」や「私」についても、まったく同様にあてはまる。私は、イチローの「私はイチローです」という発言を難なく理解し、イチローは私の、「私は永井均です」という発言を難なく理解する。このとき、一方が(第三人称の「永井」ではなく)「私」で、他方が第三人称の「イチロー」であるという事実は、事実であるにもかかわらず！　このコミュニケーションの内部には登場することができない。発言の外の(傍点を付された)「私は」と「私の」は、もしこのコミュニケーションの中で発言されたなら、高階の「私」、つまり「この私」や「現実の私」のような表現にならざるをえないのだが、実は、言語的な事実ではないので、言語で決して表現されることはないからである。

ここまで来れば第二の思考実験を、すなわち現実の現実などという特権的なものはなく、それぞれの世界にとってその世界が「現実」であるにすぎないという場合を考えてみることは容易である。たくさんの可能な私の中で、この原稿を書いている特定の人物こそが真の現実の私であるというような事実は存在しないのと同様、たくさんの可能な現実の中で、私が今この原稿を書いているこの世界こそが真の現実世界であるというような事実は存在しない。この現実が現実であるのは、どんな世界でも、その世界にとってはその世界が「現実」であることによってであり、そうでしかない。*

＊　もちろん、この場合も、一五六ページの注記で指摘したような「注目すべき事実」は起こりうる。とはいえ、それは、ここで論じているような内容を読者である他者に伝達しよ

うとするとき、伝達状況にある私は、私の想定を暗黙のうちに一歩進展させざるをえない、ということではない。「今」の場合は変化という事実が、「私」の場合はコミュニケーションという事実が、想定を(それぞれの「今」や「私」において成り立つ場面に)進展させたが、「現実」の場合はそんなことは起こらない。この現実は決して他の現実にならないし、決して他の現実とコミュニケーションできないからだ。それにもかかわらず、ただ言語で捉えるということだけで、同じ進展が起こるのである。

確かに、ある意味で、それがどういう状況であるのか、われわれは想像することさえできない、といえる。たくさんの世界があって、それぞれが反省的機能をもって自分自身を「現実」という語で指しているが、肝心の現実に現実である世界という特権的な世界がないなら、結局のところは、何もないのと同じことであるといえる。特権的な今や特権的な私の消失によって「すべて」が失われたのと同じことである。森羅万象に寸毫の変化も起こっていないにもかかわらず、森羅万象は無に帰するのである。そして、にもかかわらず、そのこと自体が、どの世界を基点にしてもいえることに「進展」せざるをえないことによって、問題は必然的に消滅するのだ。

4　結語

以上述べてきたことのどこに哲学的な問題があるか、分かってもらえただろうか。これほどしつこく説明しても、問題の核心をつかめない(違う問題を問題として「理解」してしまう)人がいることを、私は経験的に知っている。それは、哲学の専門家のなかに、とりわけ分析哲学の専攻者に多いように思う。そのことから、分析哲学に象徴される「哲学」の思考法の特質を暴き出すことができるほどである。ハイデガーの用語を使って(もちろん用語だけである)、それを「存在忘却」と呼ぶことは強《あな》ち不当ではないだろう。それは、一言で言えば、最初の出発点をなす今や私や現実を、後から要請される可能的なそれらと始めから同一視してしまう思考法である。

言語が、現実の現実と可能な現実を、どちらも「現実」として表現できていることも、確かに興味深い問題ではある。しかし、問題は、その表現ではもう言えないことこそが、つまりそのような言語的な対比では捉えられない現実性こそが、その対比を駆動していることにこそあるのではないだろうか。

ただし、私は(ハイデガーと違って)この存在忘却を告発したいわけではない。むしろその必然性(つまりわれわれが「言語の見せる夢」を見ざるをえないことの必然性)を理解したいのである。われわれの生きているこの夢の世界では、この夢を見ない人の方こそが「狂気」とされるのだから。

第6章　なぜ世界は存在するのか

――なぜわれわれはこの問いを問うことができないのか

1　ある対話

――あのさ、なんで何も無いんじゃなくて、何かが在るんだろう？　世界が在るのってすごく不思議じゃない？

――は？　何言っててんのよ？　それをゆーなら、「なんで何かが在るのではなくて、何も無いのか？」でしょ!?

――へ？　何も無いだって!?　君こそ何言っててんのさ!?　何かが在るのは当たり前じゃないか!?　どーかしちゃったのかい？

――あんた、そんな作り話まだ信じてたの？　何かが在るような気がしてもね、それは気のせいなのよ。嘘っぱちよ。何も無いに決まってるじゃない。何も無い方がぜんぜんすっきりしてるんだから、何かが在るなんて考える方がどうかしてるのよ。

——何も無い方がすっきりしてるとは思うけどさ、でも何も無いってことはないだろ？　だって現に、こう、在るじゃないか？　だいたい君のその発言だって、君がいるから言えるんだし、聞き手の僕がいることも前提にしているはずだろ？

——あら、あんたなんて存在しないわよ。もちろん私もね。あんたは誤った信念をもっているのよ。一見したところ在るように思えても実は無いものなんていくらでもあるでしょう？　それと同じよ。

——そんなはずはないさ。何か誤りがあったとしたって、「一見したところ在るように思ったやつ」ってのは、いなきゃならないだろ？　君がいなくて君の発言だけがあるなんてのもおかしいし、そんなもの言語じゃないだろ。

——「一見したところ在るように思ったやつ」なんていないわ。私だけじゃなくて私の発言も無いのよ。とにかく何も無いの。あんたは世界の存在証明でもしてるつもり？　でもそんな理屈、何の意味も無いわよ。だってそもそもあんたは、「現に、こう、在るじゃないか？」って、端的に現実性をもってきて、世界の存在を言いたかったんじゃないの？　でもね、そんなの嘘。世界は実在しないのよ。

――君の言うとおり、君がいないってんなら、君の言うことは聞く必要はないな。というかそもそも誰も何も言ってないってことだな。
――あら、そんなこといちいち考えなくていいのよ。もちろん考えてもいいのよ。だって誰もいないし、何も無いんだから。考える人も一人もいないし、間違えてる人もどこにもいないのよ。何もかもが無なのよ。なーんてすっきりしてるんでしょう！　こんなにいいことってあるかしら！

（忍田裕次郎氏のインターネット上の日記から（著者の了解を得て）引用）

「なぜ世界は存在するのか」という問いは、「なぜ何も無いのではなく何かが在るのか？」という形で、形而上学の根本的な問いとしてライプニッツによって提出された、由緒正しい問いである。確かに、これは根本的な形而上学的問題であるように思われる。

もしこの問いがビッグバンのような物理学的事実によって答えられたなら、しかし、そのビッグバンはなぜ存在するのか？　とさらに問うことができる。根拠がさらにどこまでも問われていけば、科学的説明は、結局、基礎的な自然法則に至り、しかしその法則はなぜ存在するのか、という問いの前に、究極的には、なぜかそれは事実として(そのように)存在するのだ、その理由はわからない、というところに至るほかはない。科学が駄目だからといって宗教を持ち出せばすむというものでもない。神の存在を持ち出して説明を完結させようとしても、それもまた成功しない。そもそも何も無いこともありえたのに、よりにもよってその神そのものはなぜわざわざ存在なんかしたんだい？と問えるからである。この問いには、もちろん、もはや神の存在によって答えることはできない。たとえ神が自己原因的な存在者であるとしても、なおその自己原因的な存在者はそもそもなぜ存在したのか、と問われうるからである。ここで、存在の問いはデッドロックに至り、理由(根拠)を問う問いが驚異《タウマゼイン》に転じる。

ところで、ちょっと待ってほしい。このような議論においては、そして上記のライプニッツや、その問いを重視して世に広めたハイデガーにおいても、何も無いわけではなくて少なくとも何かが在るということ自体は、自明の前提とされたうえで、その根拠が問われている。しかし、それはなぜなのだろうか？　誰も知るように、哲学の世界にはさまざまな懐疑論が存在しており、懐疑論的な態度はむしろ哲学の本質、少なくともその重要な一部をなしているはずである。それなのに、この形而上学の最も根本的な問いを問うに際して、人々は何故に懐疑論的な問いを考慮に入れないのであろうか？

さて、冒頭に引用した対話では、この根本問題を問おうとする男性に対して、女性の側は「実は何も無いのだ」と主張している。ある意味では、女性の主張が正しいことはありえない。男性の側には、ここで実際に言われているよりももっと強力な反論がありうるからである。彼が言うべきことは、もし「それは気のせいなのよ」という主張が正しいなら、その「気」は在ることになるだろう、というようなことである。「誤った信念をもっているのよ」というのであれば、その誤った信念は存在するはずだろう。「一見したところ在るように思えても実は無いものなんていくらでもあるでしょう？　それと同じよ」と言うなら、その一見したところそう思われた限りでのその存在は、少なくとも在ることになるだろう。

男性の側は、実際には、「「一見したところ在るように思ったやつ」ってのは、いなきゃならないだろ？」と言うことで、論拠を弱くしている。むしろ、かりにそんな「やつ」はまったくいないとしても、もし「一見したところ在るように思え」たなら、その「一見したところの思え」そのものはもう在ることになる（思ったやつがいるかどうかは別の問題である）。思われた対象が実は実在しないものであっても、「実は」どうであるかとは無関係に、思われたことそれ自体は在る。それはもともと「「実は」存在」ではなく「「一見」存在」なのだから、女性の側の主張が「実は……何も無い」

というものである以上、彼女の議論にはこの議論を論駁する力がない。

実際、もし本当は何も無いのだとすれば、そして、それなのに少なくとも一見在るように見えるものは在るのだとすれば、それはなぜなのか、不思議さは増しこそすれ減りはしないだろう。単純に何も無いなら、こんな見かけ上の対話も無いことだろう。そのほうがずっとすっきりしている。実際、初めからさっぱりと何も無かったら、ずいぶんすっきりしているだろう！　私とか人類とかが無いだけではなく、森羅万象がそもそも無く、すっきりと無だったら！

ところが、幸か不幸か、どうあがいてみても〈これ〉は在るわけだ。〈これ〉って？ここで〈これ〉と呼ばれたのは、それが何であるかが問われたなら意見が分かれるとしても、少なくともまったく何も無いとはいえない、とにかく確かに在る、その何かの全体に対して、かりに与えてみた名前である。そして、少なくともそれは、文字どおり疑う余地なく、確かに、現に、在る。

余計なことだが、このように考えると、この女性は実はあまりすっきりしない人生を強いられているのではないか、という疑いが自然に浮かんでくる。この女性の強弁には、ある種の宗教思想（この場合は仏教系）に共通の「必要からの捏造」の心理的機構があまりにも容易に感じ取れるからである。ニーチェがキリスト教に関してそう主張した意味においては、仏教もまた同程度にルサンチマン的な作り物でありうるだろう。

2　それは「私」でありえようか

ところでしかし、それが何であるかが問われたなら意見が分かれるとしても、少なくともまったく何も無いとはいえない、とにかくそれだけは確かに在る、その何かとは、いったい何であろうか？

デカルトは、それは私であると答えた、とみなしうる。彼は、すべてを疑った果てに、たとえ全能の悪霊が自分を欺いていたとしても、考えている限りでの自分の存在だけは疑えないと悟った。欺かれて存在しているにすぎないとしても、やはり私は存在してはいる。なぜなら、「私」は「「実は」存在」ではなく「「一見」存在」でありうるからだ。例の女性が登場して、「あんたなんていないのよ、いると思っているだけ」と言われたとしても、デカルトなら、「私が私はいると思っている限り、私はいる」と答えたであろう。これはつまり、「それが何であるかが問われたなら意見が分かれるとしても、少なくともまったく何も無いとはいえない、とにかくそれだけは確かに在る、その何かとは実のところは何であるか」という問いに、「それは私である」と答えたということでもある。

この答えは正しいだろうか？　もし正しいとすれば、もともとの問いは「なぜ私は存在するのか？」という問いに変形される。変形されてもなお同じ趣旨の問いであり続けるはずである。

同じ趣旨の問いであり続けるはずはない。なぜなら、「私」は、それが何であるかについては意見が分かれるにもせよ、ともあれある仕方で内容的に限定された一つの特異な存在者であって、およそ何であれ、ともあれ無ではなく存在することそれ自体が問われているときに登場しうるような、無規定な存在ではないからである。「私」は、それが何であるにせよ、少なくともたとえば「道路」や「天井」ではないし、「鈍痛」や「溺愛」でもなく、また「国連」や「累乗」や「今日」でもない。それらではない何かである。ということはつまり、ともあれなぜか存在する(何でもよい)何かなどではなく、何らかの内容的規定によって限定された何かであることになる。

全能の悪霊による欺きを想定したとしても、なお決して疑いえないことは、少なくとも何も無いわけではなく何かは在るということだ。そう、デカルトは言うべきだったのではあるまいか？　すべてが悪霊の欺きによって成立しているとしても、だからその内容はすべて偽であるとしても、そうである以上、少なくとも何も無いのではなく何ごとかがもう在ることにはなる。それだけは疑うことができない。悪霊の欺く力にはそういう限界がある。そう、デカルトは言うべきだったのではないか？*

* 悪霊は絶大な力を持つとはいえ、それは欺く力でしかない。それはつまり、内容的規定を変化させることしかできない、ということだ。対するに神は、無から有を、つまり存在そのものを、初めて創造する力を持つ。ここで、この差異は決定的なのである(とはいえ問題の本質は、本当にこの差異——創る神と欺く神の——は決定的なのか、という点にある。これがわれわれの問いの本質である)。

いや、ひょっとすると、実はそう言っていたのではなかろうか？ 言えてはいなかったとしても、そう言おうとはしていたのではあるまいか。言い換えれば、もともとの問いは「なぜ私は存在するのか？」という問いに変形されても同じ趣旨の問いであり続けるのではあるまいか。なぜなら、疑いなく存在する「私」とは、一見したところに反して、西田幾多郎なら「無」と呼ぶでもあろうような、全き背景のごとき(あるいはあらゆる図化に抗する全き地のごとき)いかなる内容的規定も持たない何かだったはずだからである。まさにそれだからこそ、それの存在だけは疑うことができなかったのではないだろうか。もしそうだとすれば、〈私〉もまた、〈存在〉や〈世界〉や

〈何か〉が場合によってはそうでありうるように、内容的規定の全き欠如を表現しうるのでなければならないことになる。しかし、どうしてそんなことができようか？

　すでに述べたように、「私」には何らかの内容的な規定がある。たとえば、世界を認識し働きかけることができる主体が自分自身を世界の中に位置づけ反省的に指すときに「私」が成立する、とかなんとか。*ところがしかし、「私」はまた、いかなる内容的規定によっても捉えられないものでもなければならないのだ。なぜなら、たとえば、世界を認識し働きかけることができる主体が自分自身を世界の中に位置づけ反省的に指していても、もしそうしているのが他人であれば、それは私ではないから。実際、この世界には「世界を認識し働きかけることができる主体が自分自身を世界の中に位置づけ反省的に指す」という内容的規定を満たす事例は無数に存在している。しかし、それらのほとんどは私ではない。私においても、同じ内容的規定が満たされているではあろうが、ある人が現実の私であるのは、この内容的規定を満たしていることとは独立の事実なのである。それは、内容的規定の外部になぜかただ在る〈何か〉にすぎない。

＊　主体が自分自身を世界の中に位置づけかつ反省的に指すことができるのは、個々の意識のまとまりには個々の身体が恒常的に対応していて、それゆえにまた、思いを声にして出

せる口と動かせる物体としての身体に付いている口とが恒常的に一致しているからである。そのため、私が客観的に識別可能なこの身体を指示する意図なしに「私」と言っても、身体に付いた口のおかげで、私は客観的に識別可能なある身体を指してしまっている(書き言葉の場合は署名がその機能を果たす)。たとえば、この一致の恒常性がなかったり、すべての人の声が一つのスピーカーから発せられるような世界では、この通常の意味での「私」は機能しない。もちろん、デカルト的省察とその帰結としての「エゴ・スム」は、このような世界でも成り立つ。だが、どのような意味で成り立つのか、それが問題なのである。

それが在るとは何が在ることなのか。「私」の内容的規定を満たす無数の事例のうち、何がそのうちのある一つだけを現実の私たらしめているのか。この問いは、実は、「なぜ世界は存在するのか」という問いと同じ趣旨の、あの形而上学の根本的な問い(の別のバージョン)なのである。それゆえ、この問いには答えはない。なぜなら、それは内容的規定への問いではなく、どんな内容的規定を付加しても、この問いに答えたことにはならないからである。つまり、答えとして語るべきことが原理的にないのだ。おそらくはそのことが、形而上学の根本問題である「存在の問い」の本質を象徴しているはずである。

実際、この意味で私が存在するということは一切の内容的規定性を超えている。なぜそれが存在するのかまったく分からない。いや、それどころか、そもそも何が存在するのかが、まったく分からないのだ。「私」であることの内容的規定はすでに使い果たしてしまっているのだから、それが現実の私である際に付け加えられるべき新たな何かは、「私」であるための内容的規定とは別の(それを超えた)何かでなければならない。だから、それは(すべてであると同時に)内容的規定の観点からは無であるような何かでなければならないのだ。

　世界を認識し働きかける主体が自分自身を反省していても、それだけでは現実の私を作り出すことができないのはもちろんである。しかし、それだからといって、たとえば「なぜなら、それだけでは世界がそこから開けている唯一の原点を構成しえないからだ」などと言ってしまえば、今度は「世界がそこから開けている唯一の原点」が内容的規定に組み込まれてしまうだろう。そうなると、再びその規定を満たすものは何でも「私」でありうることになってしまい、現実の唯一の私はその規定では捉えられなくなる(もちろん「現実の唯一の私」でも同じである)*。

＊　このような場合に、たとえば「現実の」とか「唯一の」とか「この」という語に、特別の力を込めて発音したくなることがあるだろう。私見によれば、私的言語の可能性という哲学的問題の根底にあるのはこのことでなければならない。それは、内容的規定性のうち

に組み込めないものをそこに込めて語ろうとする形而上学的な足掻きに与えられた一つの名なのである。もし問題が個人の内部伝達用の特製の言語の可能性にあるなら、そんなものは可能であるに決まっているが、そんな(つまらぬ？)ことにどんな哲学的意味があろう。

また、ある特定の人がなぜか私であるからといって、その人が持っている内容的規定のすべてを持っていたとしても、だからといって(そのことによって)その人が私になりうるわけでもない。私が分裂して二人になるという思考実験で考えてみれば、それは明らかである。分裂した一方が私であれば、他方は(すべての本質的な内容的規定を私と共有していても)少しも私ではない。分裂したなら少なくとも二人の空間的位置は違うではないか、と言われるなら、私が単に私でなくなるという思考実験の場合でも同じである。私であった人間(つまり永井均氏)が私でなくなって、ただの一人の人間(私でない永井均氏)になったとしても、彼は私であった人間が持っていた内容的規定のすべてを保持しつつ、世界を認識し働きかけて自己を反省し続けるだろう。

このことは、「私」でなく、「今」の場合で考えればさらに明らかであろう。今、私はこの原稿を書いており、「ここに「今」についての議論も入れたほうがいいかな」と考えている。ところで「今」とは何か？　それはもちろん、内容的規定性を欠いた存在者一般などではなく、たとえば「反省的主体が自分が置かれている時点を意識して反省的に指せば、それが「今」である」というような内容的規定を持った何かである。ところが、「ここに「今」についての議論も入れたほうがいいかな、と考えている」時点は、「反省的主体が自分が置かれている時点を意識して反省的に指している」という内容的規定を保持したまま、そして「ここに「今」についての議論も入れたほうがいいかな、と考えている」時点であるという内容的規定も保持したまま、今ではなく過去になってしまっている(私はすでに、ここに「今」についての議論も入れることに決めてしまっている)。この意味で、現実の今の成立もまた、あらゆる内容的規定性を超出した事実でなければならない。*

* 主体が自分の置かれている時点を客観的時間の中に位置づけなくても「今」が有意味に使えるのは、通常の発話では、同時性が共有されているからである。自分しか読まない日記に「私」と書いて分かるために口や署名が必要とされないのと同じことである。発話と理解の同時性が前提されていない日記や新聞記事では「口」に当たるものが必要とされるが、それは通常は日付である。もちろん、デカルト的「我在り」に対応する「今在り」は、同時性の共有も日付もなしに成立可能であるが、どのような意味で成立可能なのかが問題なのである。

主体がその時点を反省的に意識しているなどといった一般論を超えて現に成立して

いる現実の今、主体が自分自身を意識するなどといった一般論を超えて現に成立している現実の私は、実はただそのように内容的規定性を超えて成立しているという理由によってその存在が疑いえない。そう考えることができるなら、たとえばデカルトは(正確に言えばデカルト的懐疑を遂行する今の私は)、他人の行う方法的懐疑の帰結としての「エゴ・スム」に、それどころか異時点でなされた自分自身の方法的懐疑の帰結としての「エゴ・スム」にも、決して賛成できないことになる。[*1] そしてその理由は、一般的な意味での自己の現在体験の直接性のような事実にあるのではなく、〈存在〉が内容的規定性を超えているところに求められることになるだろう。それだからこそ、今の私と内容的規定において同一の結論に達した他者(異時点の自己を含む)が行う、「今の私」の存在主張には賛成することができないことになるのだ。[*2]

＊1　「欺くならば力の限り欺くがよい。しかし、私がみずからを何ものかであると考えているあいだは、彼は私を何ものでもないものにすることは決してできないだろう」(デカルト『省察』第二省察第三段落)の「考えているあいだ」とは「今のこの考えているあいだ」だけを指していることになる。

＊2　ここに悪霊の付け入る隙がないことも同じ理由によって説明できる。「欺く」とは、その本性上、ただ内容的規定の変更にすぎないからである。創造する神に存在論的な土俵

上で対立するのは、むしろ無化する神でなければならない。欺く神は、その本性が認識論的で、創造する神と存在論的に対立する力がない。（とはいえ、夢や培養液の中の脳のような、それ自体が世界内の存在者にすぎない欺き手たちとはやはり違う、という点については後に触れる。）このように捉えるなら、一七九ページの注記で触れた、悪霊と神の間の「存在論的差異」は決定的なものとなるだろう。

古代の哲学は「驚異」から始まり、近代の哲学は「懐疑」から始まる、と言われることがある。しかし、以上の考察が正しければ、古代が驚くべきものとみなし、近代が疑いえないとみなしたものは、実は同じものだったことになろう。実際、究極の驚くべきものと、究極の疑いえぬものは、一致するだろう。「何故」はもちろん「何」さえなしにただ在るところにおいてのみ、疑いえなさと驚きの一致があるからだ。とすれば、存在の根拠が問われるに際して、存在していることが疑われないのはむしろ当然であることになる。

しかし、事態はそんなに単純ではない。たとえばデカルトが他者や異時点における「エゴ・スム」に賛成しなかったなどという形跡はどこにもない。実際、彼は『省察』では、「「私は在る、私は存在する」というこの命題は、私がこれを言い表すたびごとに、あるいは精神によって捉えるたびごとに、必然的に真である」と言っているし、

『哲学原理』では、この認識は「あらゆる認識のうち、順序正しく哲学する誰もが出会う、最初の最も確実な認識である」とさえ言っている。つまり、彼は、他者や異時点における「エゴ・スム」にはっきりと賛成している。しかし、なぜ賛成できるのだろうか。ことがらの本質からいって、疑いえないのはこの今のこの私の存在だけではないのか。「この考えているあいだ」にではなく「精神によって捉えるたびごと」に成り立つことや、「この私」にでなく「順序正しく哲学する誰も」に成り立つことを、なぜ彼はすでに知っているのだろうか。*

＊　この点について、詳しくは拙著『西田幾多郎――〈絶対無〉とは何か』(日本放送出版協会、二〇〇六年)第一章の「3　デカルト vs. 西田幾多郎」の論述を参照されたい。

すでに知っていざるをえないのだ。かりにそれがデカルトの自己誤解であるとしても、自己誤解しないことはそもそも不可能なのである。私がすべてを疑おうとしてもなお残る疑いえぬものは、その思考のプロセスが理にかなった(他人にも理解できる)ものである以上、必然的に誰もがすべてを疑おうとしてもなお残る疑いえぬものであらねばならない。そうでなければ彼の思考実験はそもそも語るべき意義を持たないだろう。いや、それ以前に、そもそもそのように「自己誤解」する以外の言葉の使い方がありえようか。言葉を使って思考せざるをえない以上、「私がすべてを疑っても私自身の存在は疑いえない」と主張することは、「私」という概念の内容的規定に則って、「ある主体がすべてを疑っても、その主体自身にとってのその主体自身の存在は疑いえない」というような一般的真理を主張することにならざるをえない。* 現実のこの私のケースは、その一般的な真理の単なる一例の提示にすぎないことになる。

* さもなければ、身体に口の付いた(デカルトという名の)一人物を指して、その人物の存在だけは疑いえぬと主張していることになるか、どちらかであろう。

しかし、驚くべきものと疑いえぬものが接するのは、むしろこの「単なる一例」の存在においてであり、しかもそれが「単なる一例」ではな**い**ことにおいて——つまり何の例でもないことにおいて——なのである。なぜなら、そこにこそ、無くてもよいのになぜか在る、無くてもよいものがなぜか在る、あの存在の驚きがあるからである。デカルトの思考法は、一瞬、確実にそこに達しはする(それを見逃してはならない!)が、しかし、達した瞬間にそこから離れることを余儀なくされているのである。*

* この点を先鋭に捉えるためには、先ほどの「私であった人が私でなくなってただの人になる」という思考実験を思い出して、その人がデカルト的省察を遂行する場面を考えてみるべきだろう。私であった人(つまり永井均氏)が私でなくなってただの一人の人間になり、世界から私がいなくなった(つまり、どこにも私がいない脱中心的な世界が実現した)とし

ても、その永井氏は(私であった人間が持っていた内容的規定のすべてを保ちつつ)、私がそうするのと内容的規定においてはまったく同じように、「それでも私が存在することだけは疑いえない」と結論するであろう。私がそうするのと彼がそうするのとの差異が、ここでの主題であり、私がハイデガーの言葉を借りて「存在論的差異」と呼ぶものである。繰り返して言うが、それらの間には内容的規定においてはいかなる差異もない。したがって、私の側にだけあるものは「私である」という内容的規定では決して表現できない何かである。

ということは、彼が真に言うべきだったことは本質的に言えないということだろうか。いや、言い方がまずかったという可能性が残されている。疑いえぬものを「私」と限定し、そこに内容的規定性を与えてしまったところに彼の失敗があった、とみなす可能性がなお残されているのだ。疑いえない存在は、むしろ、内容的規定性を欠いた「何か」、あるいはたとえば同語反復的に「存在者」、あるいはせいぜいのところ内容的には完全に無規定な限りでの「世界」、といったものでなければならなかったのではないだろうか。デカルトは、いわば余計なことを言ってしまったのではないだろうか。

3 「存在」は内容を規定する述語ではない

ところで、これまで「内容的規定(性)」と呼んできたものは、「存在はレアールな述語ではない」(Sein ist kein reales Prädikat) というカントのあの名高いテーゼの中の「レアール」という語の、私なりの解釈である。カントが『純粋理性批判』において、神の存在のいわゆる存在論的証明を批判する際に用いたこの表現を、私は「「在る」は事象の内容を規定する述語ではない」という意味に解したわけである。* この観点から見ると、存在論的証明とは、「神」の内容的規定(レアールなあり方)を探究することによってそれが現実に存在することを証明できるという考えであって、カントはそれを否定したことになる。

* カント『純粋理性批判』A598/B626. いうまでもなく、この解釈の導き手は、とりわけ『現象学の根本諸問題』におけるM・ハイデガーである。

存在論的証明とは、たとえばこういう証明である。——「神」概念の内には「完全な存在者である」という内容的規定が含まれている。だから、神の存在を信じていようといまいと、「神」について語る以上、(たとえその存在を否定するためであっても)この内容的規定を完全に持つことが前提されねばならない。大小なら大の側を完全に、善悪なら善の側を完全に、といった具合に。ということはつまり、存在-非存在(有無)ならば存在(有)の側を完全に持つ、ということである。ゆえに、神は完全に存在する。証明終わり。——というような証明である。

　この証明に対してカントは、そもそも「存在する」ということはある概念の内容的規定に属していないのだから、内容的規定に「存在する」が含まれていても、だからといって現実に存在することにはならない、と言って反論したことになる(ちなみに「現実に存在する」が含まれていても、現実に「現実に存在する」ことにはならないことに変わりはない)。カントの有名な例では、「現実的な(=現実に存在する)百ターレルは可能的な(=現実には存在しない)百ターレルより以上のものをまったく含んでいない」(A599/B627)。つまり、現実的な百ターレルと可能的な百ターレルは、その内容的規定《レアリテート》においては同じものである、というわけである。* いや、むしろ、同じでなければならない。「というのは、もしそうでなければ、私が概念において考えたものとまさに同じものではなく、それ以上のものが現実に存在することになり、まさしく私の概念の対象そのものが現実に存在すると言うことができなくなってしまうであろうから」(A600/B628)。

＊　この百ターレルが触《さわ》れても使えても、そのことで現実の百ターレルになったりはしない。なぜなら、可能的な「触れて使える百ターレル」と現実的な「触れて使える百ターレル」の間には、内容的規定においては差異がないからである(逆に、贋物や幻の百ターレルは、内容的規定においてすでに欠如があり、そしてそのようなものとしてはいかなる欠如もなしに現実に存在する)。したがってもちろん、可能的な「現実に存在する百ターレル」と現実的な「現実に存在する百ターレル」の間にも内容的規定性における差異はない。存在論的証明が成り立たないゆえんである(ただし、後に志向性について論じる際に再び触れるように、この「百ターレル」の例は、単なる貨幣量が、「神」や「私」のような世界の内容物に尽きない超越者の比喩になっていることに注意しなければならない。もしそうでないとすれば、「神」や「私」の場合とは違って、現実的な百ターレルと可能的な百ターレルの間には、世界の中に内容的規定による判別基準があって、その「存在」の意味はそれに尽きているからである。さて「世界」そのものはどうであろうか)。

とすると、ある何かとそれが現実に存在することとの関係は、きわめて特別な関係であることになる。あるいはむしろ、それは関係ではない、少なくとも世界の内部に成立するような関係ではないことになるだろう。この特別な関係の範型は、明らかに、神の世界創造にある。ライプニッツ的に表象するなら、神は自分の知性の中にある世界のうちからある一つを選んで創造(つまり現実化)する。創造の前後で異なるのは、可能的か現実的かという点だけで、内容的規定性に関しては微塵の変化もない(もしあったら、カントの言うとおり、それが創造されたことにならないだろうから)。しかしそれなら、神はその創造行為においていったい何をしたことになるのか？　一切の内容的規定性が入り込めないのだから、そこには「何」がないことになる。神が何をしたのかを語ることは一切不可能ということになるのだ。われわれに理解可能な「創造」を否定することに通じるこの考え方は、もちろん神学的には必ずしも正統的とはいえないであろう。*

＊　レアールな類比をその基本的な探究方法とするアリストテリコ・トミズムは、中世の底流としてガンのヘンリクスらに受け継がれていくこの種のアヴィセンニズムとこそ最も根底的に対立しているとみなしうるのではあるまいか。ともあれ、「形而上学的」とは metaphysical だが、レアールな内容はフィジカルな内容とは限らないので、ここで問題にされているような「内容的規定を超えた」ことがらは、本来はむしろ metareal と呼ばれるべきであろう。それはまた超越(transcendens)の根拠でもあるだろう。

しかし、この問題が神学的問題にすぎないと思うなら、それは違う。哲学上の多くの問題が、実はこの問題の構造を反映し、そこから派生しているからである。先ほど論じた「今(現在)である」という性質も、もちろん、その一例である。たとえば、神がある時点を「今(現在)」にするとして、そのとき神が何をするのか、内容的規定を与えることはできない。「今(現在)である」という性質を持った出来事は、その持つすべての性質——「何らかの主体によって現に意識されている」といった性質を含む——を維持したまま、ただ現実の今(現在)でなくなることができるからである。* もちろん「私である」という性質に関しても本質的には同じことがいえる。だから、厳密にいえば、この意味での今や私の存在は、「今」や「私」という語で捉えられない、という点についてはすでに触れた。それらの存在は言語的把握から見れば余剰であって、もし表記するならば、ハイデガー風に抹消記号を用いて、「~~今~~」、「~~私~~」と表記されるほうがふさわしい。それらは確かにすべてのおおもとである「何か」なのだが、——「何か」でまずければ、できる限り内容的規定を抜いて、せいぜいのところ「これ」か、あるいは同語反復的に「現実」(actuality)とか「存在」(existence)とでも呼ばれるしかない何かなのだが——その「何か?」を捉えることができないからこそ「何か」なのである。

* この事実は「今」(現在)をはじめとするいわゆる「A特性」に(一九六ページの注記で触れる「意識」の二義性と同種の)二義的な性格を与えることになる。

4　懐疑論と志向性——認識論的問題への反映

この種の形而上学的問題だけが先ほどの神学的問題構成を反復しているのではない。一見したところ認識論的な問題に見える多くの問題も同じである。たとえば哲学的ゾンビの議論を考えてみよう。ゾンビとは、物理的にも機能的にも人間とそっくりだが、実は内的な意識を持たない生き物である。彼らは、機能的に人間と変わらないのだから、当然、自分は意識を持っていると語る。彼らとわれわれ人間とはどこが違うのか？　この問題の哲学的眼目は、実は、通常の人間とゾンビの間に内容的規定《レアリテート》における差異がない、という点にある。だから、ゾンビには無いとされる「意識」は、一面では内容的規定を超える形而上学的(メタ・レアールな)存在者にならざるをえないのである。すると「ゾンビ」とは、内容的規定をすべて満たしているのにただ現実性だけが欠けているということの一事例になる(がゆえに「ゾンビ」概念は無意味である、という主張も可能になる)。とはいえ、他方では、「意識」は世界内の通常の存在者でもあって、意識が在るか無いかは、ある物が持つ内容的規定《レアリテート》の一部でもあらざるをえない。このように、ゾンビとゾンビでない人間との差異(つまり「意識」の有無)を内容的規定《レアリテート》の内に組み込みうるか否か、がゾンビ問題の本質である。この問題は、上述の形而上学的な問題を明瞭に反復しており、「心の哲学」の内部問題ではありえない。*

* 「意識」がメタ・レアールでありうることは、アリストテレスの「存在としての存在」(存在一般)に対抗してカントが「意識としての意識」(意識一般)の立場に立ったことにも示されている。「意識された百ターレル」は「百ターレル」に一つの内容的規定《レアリテート》を付け加えているのか否かが決定できないのだ。一面では世界内の一存在者であるにもかかわらず、世界に対して全き透明で、その「疑いえない」根拠でもありうるという「意識」の二義性は、後に述べる志向性の成立根拠でもあり、したがってもちろん、あらゆる「超越論的哲学」の成立根拠でもある(もちろん、同じことは言語についても、すなわち「語られた百ターレル」についてもいえる)。なお、「ゾンビ」の問題について、詳しくは拙著『改訂版 なぜ意識は実在しないのか』(岩波現代文庫、二〇一六年)を参照されたい。

一般に、あらゆる認識論的懐疑論がこの同じ構造を反復し再現している。デカルトの『省察』においては、悪霊が登場する前段階の懐疑は「夢」の懐疑であった。夢と夢でない現実の間にも、内容的規定における差異がない。このとき、夢には夢に特有の夢っぽい感じがあるではないか、といった内容的規定による反論は無効である。なぜなら、論点は、差異がまったくない夢が(「夢」概念の本質規定を損なうことなく)

可能であることにあるからである。にもかかわらず、夢と夢でない現実との差異は——「ゾンビ」と違って——内容的規定の内部に明瞭に組み込まれている。すなわち夢は、定義上、覚める。覚めたときに「夢」だと分かる。それゆえ、夢の懐疑に対する唯一の可能な反論は「ちょっと待ってみろ」であろう。夢の中の百ターレルと現実の百ターレルの間には——可能的な百ターレルと現実の百ターレルの間とは異なり——内容的規定における差異が明瞭にあるのだ。*

＊　覚めても、それもまた夢(つまり、またいつかそれからも覚める)という可能性はもちろん考えられるが、相対的に覚めている(相対的に夢でない)という対比構造は常に可能でなければならない。しかし、この系列を可能的に無限であるとみなせば、「夢」をゾンビ問題における「意識」のような二義的概念と見る途が開けるだろう。

「培養液の中の脳」はどうか？　この世界が実は培養液の中の脳が生み出している世界であるとしても、そうでない場合との内容的規定性における差異はない。これは、感覚経験においては同じであるというような経験主義的なことがらではなく、世界のあり方そのものが同じなのである。この夢からは原理的に覚められない。しかし、「脳」は、超越的な「神」ではないので、「夢」と同じく、われわれが知っている「脳」の内容的規定には従わねばならない。われわれにできることは、「覚める」のとは逆方向に背進して、この世界の中で培養液の中の脳(夢の中の夢)を作ることだけであるが、しかし、それでも、一方的に欺かれているのではなく、その「欺き」の本質を手中に収める可能性はある。この違いは大きい。内容的規定における差異のなさを作り出すしくみを知りうることによって、その外に出ることができるのである。そのことが、この懐疑をかろうじて認識論的なものに押し止めている。*

＊ 培養脳がこの世界を生み出しているような可能世界が現実世界から遠く離れているという事実によってこの懐疑論を躱《かわ》そうとするノージックらの議論は、したがって、まったく的外れである。培養脳世界とそうでない世界との距離は、きわめて遠いと同時に、あまりにも(そう、あまりにも!)近い——そのことが問題なのである。

「脳」を「神」に置き換えると、この最後の箍《たが》も外れる(われわれは「神」のしくみを手中に収めていない)が、それでも悪霊は、「欺く神」であるというその本質規定によって、なお認識論的水準に留まっている。『省察』の「私」が言ったでもあろうように、欺かれているならば、まさにその限り、偽ではありえても無ではありえないからだ。

懐疑論が志向的関係に全般的な楔を打ち込むものである以上、内容的規定性における同一性を志向的関係一般のメルクマールとみなすことができる。すると、志向的関係のモデルは神の世界創造であることになる。もちろん、逆に、われわれは世界を志向的に捉えるから神の世界創造という観念を持つことができると言っても同じである。われわれが半ば神であるのか、神が半ばわれわれであるのかは、分からない。

ともあれ、たとえば記憶は過去の事実を志向対象とし、それを表象する。だから、一昨年の夏に千葉の海で泳いだという事実と現在におけるその記憶とは内容的規定において同一である。また、意志は未来の事実を志向対象とし、それを表象する。だから、今年の夏は鎌倉の海で泳ごうという意志と未来におけるその実現も内容的規定において同一である。志向的関係はメタ・レアールな形而上学的関係をモデルにしているが、何らかの世界内的な基準によってそれと分かる記憶違いや行為の失敗が、この関係をレアールな関係に引き戻すことになる。* 個々の出来事ではなく外界全体が（あるいは過去全体が、他人の心一般が）実在するかどうか分からないという懐疑論は、神が創造において何をしたのかは——内容的規定《レアール》における差異ではないから——言えないということの、認識論的反映なのである。

* すでに触れたように、カントの「百ターレル」の事例は、比喩を外せば、実はこの志向性の事例にすぎない。現実的な百ターレルと可能的な百ターレルがその内容的規定において同じでなければならないのは、「もしそうでなければ、……まさしく私の概念の対象そ

のものが現実に存在すると言うことができなくなってしまうであろうから」なのだから。そして、一九二ページの注記ですでに指摘したように、「私の概念の対象」と「現実に存在する」ものとは内容的規定において「同じ」であるという相を保持しつつも、その差異もまた何らかの世界内的な内容的基準によって与えられており、この関係はまたレアールな関係でもあらねばならないのだ。

5　世界が存在しないことは可能か

ところで、『省察』のデカルトは、欺く神である悪霊と対抗した。疑う余地のない確実な知識の根拠を求める彼の動機からは当然のことである。しかし、そのことは彼の議論に認識論的制限を与えた。もしデカルトの動機が、知っていることではなく在ることを確保しようとする形而上学的なそれであって、彼が神と、つまり欺く力ではなく現実に創造したり無化したりする力を持つ神と、対抗していたなら、議論はどのように展開していたであろうか。こうではないだろうか。——かりに無化する神がいま現に(あるいはもともと)世界全体を無化していて、この世界は実は存在しないとしても、なぜか知らないが、現にこのように、少なくとも〈何か〉が、少なくとも〈これ〉

が、在ってしまっている以上、彼はすべてを無化することに実は成功していない、と結論せざるをえない。「無くするならば力の限り無くするがよい。しかし、なぜだか現にこのように在る以上、彼は世界を何ものでもないもの（＝無）にすることはできていないのだ」。

　本当は何も無いのかもしれない。しかし、たとえそうであっても、現に在る。その神が与えるのとは別の（より上位の！）基準で、現実に何かが存在してしまっている。このように考えるときには、こんどは神の無化する力が（したがって創造する力も！）内容的規定性の内部に格下げされていることに注意せよ。すなわち、神は、存在者の内部で、たとえばデカルトという人間を、物理的・心理的に作り出し、彼に自己意識を与えたりする者の地位に引き下げられることになるのだ。ということはつまり、「神」と「私」とのこの闘争は、どちらを内容的規定性《レアリテート》に貶めるかをめぐる闘争に、逆に言えば、ともあれ理由なく（いや理由どころかそもそも内容的規定性なしに！）存在するという格別の地位を、どちらに認めるかをめぐる存在論的闘争に、変形されるのである。重要なことは、しかし、どちらが勝つにしても、神が創造行為において何をしたのかは決して分からないというあの論点はあくまでも堅持されたうえで、ということである。

しかし、この存在論的な差異それ自体もまた内容的規定における差異に読み換えられる(頽落《たいらく》する)ことは避けられない。「私」と表記される何かや「今」と表記される何かは、そもそも内容的規定がないので、それであるための規定を(満たしているように見えて実は)満たしていないがゆえの非存在の可能性がないのであった。しかし、そうだとすれば、つまりそのように言えるとすれば(現に言えている!)、言って話が通じているとすれば(現に通じている?)、そのこと自体がすでに内容的規定に組み込まれているはずである。一切の何性を拭い去った剝き出しのこれ性が、そういう内容的規定性として、何性の内部に位置づけられるわけである。

剝き出しのこれ性の何性への組み込みの一つの仕方は、すでに述べた「『一見』存在」という規定である。「私が私は存在すると思っている限り私は存在する――それは疑いえない」という主張は、一般的に理解される限り、「私」が「『一見』存在」であるということを根拠にしている。「私」の内容的規定のうちに「在ると思えば在る」という認定を許す要素が含まれているということである。[*1] 冒頭の対話に関して、女性の側の主張が「『一見』存在」の確実性を根拠に論駁されたとき、論争は期せずして認識論的な水準に頽落していた。その場合、疑う余地なく在るものは内容的規定によって在らざるをえないものとして位置づけられている。これは、一種の存在論的証明である。[*2] 欺く神との認識論的な闘いなら、それでいいだろう。内容的規定によって志向性の排除が許されている事象に達すれば、そこで疑いえなさが確保されるであろうから。しかし、何も無くてよいのになぜか現に在るという現実存在とは、この「「一見」存在」のように、内容的規定における存在の基準からして在らざるをえないことではありえない。存在論的証明は内容的規定《レアリテート》を超えた存在(内容的規定に抹消記号(×)を付けざるをえない何か)に到達することができない――まさにそのことが問題なのであった。[*3]

＊1　この「疑いえなさ」の確保は、一般的には志向性の遮断によっている。私に痛く感じられれば痛く、青い鳥が見えていれば見えている青い鳥がいる。そこには志向対象がないので、錯覚の余地はない、等々。しかし、「私」の場合は客観的身体へ向かう自己指示能力の遮断が含まれている。つまり、一八〇ページの注記で指摘した意味での「口」を取り去ることである。

＊2　どんなに非現実的な世界の中でも(もちろん夢の中でも)、私が存在すると思えば私はいつも現実に存在する。これは「私」概念の内容的規定なので、いつ誰が実践しても妥当する。この意味では、デカルト的「エゴ・スム」の証明は(かつてヒンティッカが指摘した語用論的経路を経た)存在論的証明であると言える。だから、それは私の存在に実は到達できない――とカントはデカルトを批判してよかったのである。デカルト的「我在り」は、神

の存在論的証明に対する批判と同じ論拠によって批判可能であり、しかも私はその(可能な)批判は正しいと思っている。一方、「誤謬推理」や「観念論論駁」における(現実の)カントのデカルト批判は、煎じ詰めれば、「私」に時空的な「口」を付けることを要求する、凡庸な批判にすぎないように私には思われる。

＊3　神の存在論的証明を最も徹底的に批判した最初の哲学者であるカントこそ、世界の存在に関しては、その存在論的証明に相当する超越論的観念論を、あらゆる懐疑論を拒否する最終根拠として主張した最初の哲学者でもあった。しかし、それは懐疑論(現実と思われるものが実は現実と内容的規定において異なる状況であるかもしれないと疑う限りでの)にしか効き目がない。超越論的観念論は、内容的規定《レアリテート》の定立しかできないから、可能的な「現実世界」の限界設定しかできない。だからそれは、世界の中の百ターレルに関しては可能的なそれと現実的なそれの区別ができるにもかかわらず、世界そのものに関しては、現実的な「現実世界」と可能的な「現実世界」の区別をつけることができない。この世界が現実的な「現実世界」である根拠(贋の百ターレルと対比される意味での本物の百ターレルである根拠ではなく、現実的でない百ターレルと対比される意味での現実的な百ターレルである根拠に対応する)そのものは、別の場所――〈私〉が〈存在〉の現実性をめぐって〈神〉と闘ったあの場所――から密輸入されるほかはないのだ。

存在論的な差異それ自体が内容的規定における差異に読み換えられてしまうのは、その存在を確保しようとする対象が内容的規定を持っているからであろう。抹消記号の付与によっては、抹消された由来を抹消することはできない(だからこそ、それは「言えて」いたし、おそらくは「通じて」もいたのであろう)。存在論的な差異が内容的規定における差異に読み換えられることを避けるには、すでに述べたように、内容的規定の欠如を表示する(何性を欠くこれ性を表示する)〈これ〉とか〈何か〉、あるいは同語反復的な〈存在〉とか〈世界〉といった語を使うほかはない。この方策は成功するだろうか。

周知のように、ヘーゲルは、いわばこの方策が決して成功しないと宣言するところからその哲学を開始した。彼によれば、剝き出しの直接的「存在」は、実は、高度の抽象作用を経て成立した媒介的な「存在」、つまり「生成した存在」(Gewordensein)であって、むしろ高次形態の「定在」にすぎない。この論文における表現に翻訳するなら、われわれはどうあがいても内容的規定性《レアリテート》の外に出ることができない、というわけだ。* この種の主張は哲学史を通じて繰り返されてきており、少なくとも一面の真理であることは疑う余地がないだろう。

＊ ヘーゲル『大論理学』冒頭の「存在」を参照。『精神現象学』においても、冒頭の「感覚的確実性」はもちろんのこと、その後の展開においても、このモチーフが反復されていると読むことができる。たとえば、有名な「主人と奴隷の弁証法」も、主人のメタ・レア

ールな志向性(欲望)は奴隷のレアールな因果性(労働)に取り込まれ、克服されていく運命にあるのだ、とそこを読むことができるだろう。

この立場に徹するなら、神の存在論的証明はじゅうぶん有意味で真でありうる。「神」がその定義において「現実に存在する」ような世界において、「神」がその定義において「現実に存在する」ような人生を生きることは可能なことであり、そのような世界の中のそのような人生においては、神の存在論的証明は成功すると言える。おそらくアンセルムスやヘーゲルのような人々は、そのような世界で、そのような人生を生きていたのであろう。それでも、神は本当は存在しない(または、そのうえさらに本当に存在してもいる)可能性はあるだろうか。存在が内容を規定する《レアール》述語でない以上、それはあるのだ!

ところで、われわれは、「私」については、現に、「私」が定義上「現実に存在する」ような世界において、「私」が定義上「現実に存在する」ような人生を生きている。そのような世界におけるそのような人生においては、「私」の存在論的証明は成功する。そして、現に、成功している。疑う者は『省察』を見よ。すでに述べたように、デカルトの方法的懐疑とその帰結としての「エゴ・スム」は、「私」についての存在論的証明なのである。デカルトは、「私」の内容的《レアリテート》規定に基づいてその存在を証明しているからである。他者によってなされても、あるいは過去になされたものであっても、「エゴ・スム」の疑いえなさは維持される、と考えている以上、彼は、本質的に、「私」の存在の存在論的証明をやっていると考えるほかはない。そして、まさにそのことによって、この証明が現実に存在する私に届くことが阻止されているのであった。神の存在の存在論的証明に関しても、同じことが言える。その存在が存在論的に証明されうる神の存在は、存在する神への到達を決定的に阻止しているのだ、と。

さて、世界についても同じことが言えるか——それがわれわれの課題であった。そこで、私であった人間が私でなくなる、あるいは、私である人間が私でない、という想定を思い出していただきたい。私であった人間(つまり永井均氏)が私ではなくなって、ただの一人の人間になったとしても、彼は、私が持っていた内容的規定のすべてを保持しつつ、一個の「私」であり続けるのだった。また、初めから、彼が私ではない(その意味でこの世界に私はいない)という場合も考えられた(しかもそのとき、その彼においても、この「私であった人が私でなくなる」思考実験は再び成立するので、この思考実験自体もまた内容的規定性《レアリテート》の内部に吸収され、「私」の存在の「疑いえなさ」は一般的な「一見存在」の水準に落とされるのであった)。同じことは「今」の場合にはより明瞭に見て取れるという点もすでに述べた。さて、世界についても、同じことが言えるだろうか。今である時が内容的規定をすべて維持したまま過去になるように、また、私である人が内容的規定を維持したまま私でないただの人でありうるように、この世界は、その内容的規定をまったく変えずにただその現実性だけ（つまり現実に存在しているという性質だけ）失うことができるだろうか。できるとすれば、そのとき世界が失うものは何か？　ライプニッツ的な描像を逆手にとって、神が世界から現実世界であるという性質だけ取り除いて、それを単なる可能世界の一つに降格させたとして、世界にどのような変化があるのか？

何の変化も（二〇四ページの注記＊3で述べたような密輸入をしない限り）ないだろう。〈何か〉が失われるのだとしても、その落差を表象する方法をわれわれは持っていないだろう。私や今でそれができるのは、「私」や「今」の内容的規定性がその現実性と独立に与えられて、現実的な私や今とそうでない（単に可能的な）私や今との対比が成り立つからである。その意味で、私と今の（内容的規定に吸収されない）〈存在〉の意味を把握することは可能である。しかし、われわれは世界の〈存在〉の意味を、あるいは、同語反復的に、存在の〈存在〉の意味を、把握することができない。われわれは、世界が〈存在〉しない可能性を、その内部での「非存在」の規定によって「夢」だったり「悪霊の欺き」だったり、あるいは宇宙が物理的に収縮したりする意味においてのほかには、考えることができない。

神の存在の存在論的証明が実は「神」の概念までしか到達せず、同様に、私の存在の存在論的証明であるデカルト的論証が実は「私」の概念までしか到達しなかったように、世界の存在の存在論的証明である超越論的観念論もまた、「世界」の概念までしか到達しなかった。しかし、世界に関しては、事実、それでおしまいなのである。現実的な「現実世界」と可能的な「現実世界」の区別は、事実、つけられないのだ。われわれは「この世界」がその定義において「現実に存在する」ような世界において、「この世界」がその定義において「現実に存在する」ような人生を生きており、そのような世界の中のそのような人生においては、世界の存在論的証明は成功する。その意味では、世界は本当は存在しない可能性などはない。世界には、内容的規定《レアリテート》の抹消を示す記号を必要とするような種類の現実性も、逆に、他の諸世界に向かって自己の存在を語るべき口の付いた身体も、どちらもないからだ。

しかし、存在が内容《レアール》を規定する述語でない以上、世界がそもそも存在しない可能性はある。つまり、世界もまた、究極的には(無くてもよいのに)なぜか在る、という性格を持つ。しかしそれは、単なる可能性にも同じようにある内容的規定性にプラスされる現実性、といったものではなく、可能性を含めた全体がなぜか在るという現実性である。だから、ここで神は、諸可能性の中から一つを選択して現実化するライプニッツ的な神ではなく、諸可能性の全体を初めて創造するデカルト的な神でなければならない。この創造は、創造の後にも、他の諸可能性と対比された一つの可能性の現実化として、世界の内容的規定性の内部に組み込まれることがない。だから、創造という行為において神が(何をしたのかのみならず)何を創造したのか(どういう内容を現実化したのか)さえ、われわれには決して捉えられない。* われわれは、ひたすらその内部にいるしかないのだ。

にもかかわらず、先ほどの想定において、認識論的制限を取り除かれたデカルト的「私」は、このような絶対的な創造を行う神と、〈存在〉というただ一点において、対等に闘ったのである。

＊ だから、この創造は志向性のモデルにならない。

過去はどこに行っちゃったの？

過去はもはやどこにもないけれど、でも、記憶の中にある、というのがすぐに思いつくひとつの答えだ。しかし、そもそも記憶が過去を再現していることは、どうしてわかるのだろうか。絵(や写真)と、それが描いている(写している)情景との関係なら、そのふたつを実際に比べてみることで、その絵がその情景を再現していることがわかる。しかし、記憶とそれが記憶している過去とを比べてみることはできない。過去そのものはもはやないのだから。

記憶というものをまったく持たない生き物がいたとする(たぶん実際にいるだろう)。その生き物に、なぜかいきなり記憶が与えられたとしよう。彼らは実際には、自分がかつて経験したさまざまなことを思い浮かべている。しかし、彼らはそうであることをどうして知ることができるのか。思い浮かぶ事柄がかつて自分が経験した事実であると、どうしたらわかるのか。わかる手立ては存在しない。

目が見えない生き物にいきなり視覚が与えられたら、彼らは与えられたその像が外界の像であるとすぐにわかる。なぜなら、物体が見えた方向に歩いて行くと、見えたものにぶつかるから、見えているものが外界であることは、体がぶつかることによって明らかなわけだ。たとえ見えた物体もそれにぶつかった触覚も両方とも幻覚だったとしても、視覚と触覚の結合によって「外界」とは何かはわかる。では、思い浮かべられているものが過去であることは、何によってわかるのか。外界の場合のぶつかることにあたるような手立てはない。記憶が過去を再現している根拠は、どこにも見つからない。

それなら、そもそも過去というものがあることは、どうしてわかるのか。外界の存在を知るときのように、自然に、過去の存在に至ることはできない。でも、記憶が過去を再現できているかどうかとは独立に、ともあれ過去というものが必ず存在することは理解できるだろう。なぜなら、今これを書いているこの現在は、未来においてそれが記憶されているかどうかと関係なく、必ず過去になるから。

さて、この理解と、記憶が過去を再現しているという確信とは、どう結びつくのか。結びつきは「今これを書いている現在は」という文字列が、(そのときから見た未来である)今もなお残っていることによってなされる。もしわれわれの住んでいる世界が、結果が残らない世界(たとえば書いたものがすぐに消えてしまう世界)

であったら、この結びつきは成立しない。しかし実は、結果が残る（書いたものがそのまま残る）というのは仮説にすぎない。過去に書いたものとまったく違うものが残っていて、記憶の方もそれを書いたことになってしまうのだとしても、決してわからない。それでもこの結びつきによってはじめて、記憶と独立の「過去」の存在は確保されるのである。見えた物にぶつかることによってはじめて「外界」の存在が確保されたように。

つまり、過去はどこにも行かず、今ここにある。

神様っているのかなあ?

たとえば宇宙物理学者たちが神の存在を推定するにいたったとしよう。宇宙の現状を最もうまく説明するには伝統的に「神」と呼ばれてきた宇宙の創造者が実在すると考えざるをえないことがわかった、と。そのことで神の存在は証明されるだろうか。意外に思われるかもしれないが、されないのだ。

その「神」以外の森羅万象の存在理由は、その「神」の存在によって説明されるだろう。しかし、その「神」の存在理由はやはりわからない。なぜそんなものが存在しているのか。もしその「神」が伝統的な人格神だったなら、彼はこう呟くに違いない。「私は森羅万象の存在理由を知っている。しかし、この私はいったい何なのだ? 私自身はなぜ存在するのか?」と。彼は、自分の存在意味をより深い〈神〉に問わざるをえない。だから、彼は実は神ではない。

その「神」を含めた全体としての世界のあり方はやはり謎と化すので、もし神が存在するとすれば、宇宙の創造者であるその「神」を含む全体の存在意味を知っている、もっと深い〈神〉が存在するのでなければならないことになる。しかし、そのような〈神〉が存在するかしないか、われわれが知りうる可能性はない。もし知りえたなら、それはふたたび宇宙物理学上の「神」と同じ身分に落ちるからである。

だからそんなより深い〈神〉などは存在しないのだ、とすると、存在している「神」を含む世界全体の存在意味はやはりわからないことになって、「神」を含む世界全体の存在はもはやいかなる説明もされえないむき出しの神秘と化す。むき出しの神秘とは、それ自体が〈神〉のごときものだということでもある。その場合、われわれに理解可能な「神」は、すべてその内部に存在するにすぎないことになる。つまり、実は神ではないことに。

宇宙について語られたこの対比は、言語のはたらきにかんしても反復されることになる。すなわち、われわれの言語の内部に存在する神とその外部に存在する神。言語の内部に存在すると思うからこそ、人は神に言葉で語りかける。しかし、神はすべてをお見通しのはずだから言葉を介在させる必要などないはずではないか。

言葉の介在を必要とする相手には必ず嘘をつくことができ、われわれは他者に向かっていつも(たいていは無意識の)嘘をつき続けている。だが、神に対して嘘をつくことはできない。「嘘のお祈り」は不可能である。それならなぜお祈りに言葉が必要なのか。それはわれわれ自身が嘘をつけない言葉を語る機会を必要としているからである。そういう機会を作らないと自分が何であるかわからなくなってしまうからである。

そのとき、われわれは言葉を超えた神に向かって言葉で語りかけることになる。存在するなら存在するとわれわれにわかる「神」に向かってではなく、存在するか存在しないかわれわれには決してわからない〈神〉に向かって。

Ⅳ　言語

第7章　語りえぬものを示す(1)
——野矢茂樹『語りえぬものを語る』一八章における私的言語論の批判

以下では、野矢茂樹の『語りえぬものを語る』の一八章を対象として、その私的言語論を批判する。その章の議論は誤りであり、野矢が不可能だと論じる私的言語はこの章の彼の主張に反して可能であり、不可能であるような私的言語についてはこの本の題名に反して語りえない。そのことを示したい。

1　「E」は意味と真偽を有する有用な公共言語であらざるをえない——一八章の本文における私的言語論の批判

野矢は「私的言語」を次のように規定している。

私にある種の体験が繰り返し起こる。しかし、その体験が生じる特徴的な状況があるわけではない。(中略)さらに、その体験は特徴的な身体反応もいっさいもたない。(中略)そして私はそれに「E」と名前を与える。そこで、その種の体験が生じた日には日記に「E」と書くことにする。このとき、「今日、Eが生じた」はその種の体験が生じたことの記述であるように思われる。しかも「E」の意味は私に生じたその種の体験であるから、それがどのような体験であるか他人には分からない以上、他人にはその意味は理解できない。また、「E」の意味を他人に説明することもできない。「いまEが生じている」と他人に言うことはできる。だが、「Eって何だ」と尋ねられ、「いま生じているこれがEなんだ」と言っても、他人には分からない。これを、「私的言語〈E〉」と呼ぶ。　(三〇五頁)

そして、こう続けている。

一見すると、私的言語〈E〉においても、規則に従っていることと規則に反していることの区別がつけられているように思われる。私はある種の体験を前にして、「今後この種の体験が生じたときだけ「E」と書く」と決める。いわば記号「E」

の使用規則をそう定める。そしてそれ以後、実際にその種の体験が生じたときに「E」と書けば、私は規則に従っており、その種の体験が生じていないのに「E」と書いてしまったならば、規則違反となる。それゆえ、私は例えば「この種の体験のときに「E」と書くことに決めたのだった。よし、いま「E」と書けば規則に従っていることになる」とか、「いまはあの体験が生じていない。だからいま「E」と書くことは規則違反だ」といった思いを抱くかもしれない。これはつまり、私が一人で、いわば「私的に」規則に従っているということではないのだろうか。

いや、それは見かけだけにすぎない。なるほど、私は私なりに「規則に従っている」ことと「規則に反している」ことを区別する。しかし、私は、「規則に従っていると思う」ことと「本当に規則に従っている」ことを区別できないのである。「いま「E」と書けば規則に従っている」と私は考える。ここでこう自問してみよ。——だが、いま「E」と書くことは本当に規則に従ったものなのか。たんに私がそう思いこんでいるだけではないのか。

（三〇六頁）

続けて野矢は「私的言語ではないふつうの場合」として「浅葱《あさぎ》色《いろ》」の例を提示し、

その場合には、本当に規則に従ったことになるかどうかを、もっと色名に詳しい人に尋ねたり、色名辞典を調べてみることができ、その結果自分の理解が間違っていたことが分かる場合もある、と論じる。対して、私的言語の場合は「誤解の可能性は排除されて」おり、「それゆえ、私がそれを規則に従ったものと考えたならば、もはやそれを覆す視点はどこにも用意されていない。私的言語においては、「規則に従っていると思っている」ことと「本当に規則に従っている」ことの区別がつかないのである」(三〇七頁)。

野矢は続けて、その区別がつかないとどうなるのかを見てとるために、今度は孤島に一人で生きるロビンソンが「魚を食べてはいけない」と決めるケースを想定する。そして、彼がウツボやアイナメを「魚」の範囲に含めないことを自分で決められることをもって、彼が自分が決めた規則の正しい適用だと思ったならば、それは正しいことになるのだから、「規則は骨抜きになっている」と結論する。

これが一八章の本文における私的言語不可能性の論証である。すると論点の中心は、私的言語においては、「規則に従っていると思っている」ことと「本当に規則に従っている」ことの区別ができない、という点にあることになる。ところで、「ロビンソン」の「魚」のケースと「私」の「E」のケースでは、この区別のできなさの意味は異なっている。前者においては、「魚」という公共言語に属する語が使われているところからみて、ロビンソンは——その名から示唆されるところに反して——おそらくは日本語話者で、たまたま周囲に同じ言語を使う人間がいないだけなのであろうから、もしそこに日本語を話す他人たちがいたら、彼の誤りを指摘することはたやすいはずである。そしてもちろん、そういう他人が存在することは可能である。それゆえ、ロビンソンの「魚」は、まさに「魚」であることによって、偶然的な私的言語ではあっても、必然的な私的言語ではありえない。さて、では「私」の「E」はどうだろうか。それは、ロビンソンの「魚」と比べて、必然的な私的言語でありうるように見える。なぜなら、彼の誤りを指摘することができる他人の存在は、まさにその定義によって、不可能だからである。

①　だが、はたしてそうだろうか。これが私の最初の疑問である。私は、「E」が「魚」と同様の公共言語であり、かつ、当然のことながらロビンソンの場合と違って、偶然的な私的言語でもない、と論じたい。なぜならば、「E」の意味は原理的に誰にでもわかり、かつ、現実にわかる人が存在するからである。野矢の記述に忠実に従うかぎり、それは「野矢茂樹に繰り返し起こる、野矢自身だけが識別できる、独特の体験の名前」である。これ(「野矢茂樹に繰り返し起こる、野矢自身だけが識別できる、

独特の体験の名前」)は、誰でもその意味が理解できる、どこにも不明確なところのない、公共言語(日本語)に属する表現である。もちろん他人にはそのEを識別する能力がない。しかし、だからといって、「「E」が何を意味するのか、他人には絶対に理解できない」(三〇一頁、強調引用者)などとどうしていえようか。繰り返すが、それは「野矢茂樹に繰り返し起こる、野矢自身だけが識別できる、独特の体験」(という日本語表現によって理解されるところのもの)である。

② 意味が理解できるのだから、当然、他人は、理解したその意味に基づいて、野矢のその語の誤用を窘《たしな》めることもできる。たとえば、野矢が私の目の前でチョークを持って「この黄色いEは書きにくい」と言ったとしよう。私は「それはあなたの「E」という語の誤用ではないか?」と問うだろう。さらに私が「そのチョークにおいてEを体験するという意味なのか?」と問うたとき、彼が「いや、「E」というのは、黒板に字を書くためのこういう道具のことだよ」と答えれば、彼の「E」の誤用ははっきりする。なぜなら、「E」は「体験」の名前だったはずだから。この種の訂正可能性の観点からも「E」は私的言語ではありえない。それでもなお、「それがどのような体験であるか他人には分からない以上、他人にはその意味は理解できない」(三〇五頁、強調引用者)と野矢は言うだろうか。さらに野矢の記述を追おう。

私は日記に「E」と書きつける。これは、私にしか理解できないが、それでも、ある種の体験が起こったことを記述した言葉であると思われた。だが、そうではなかったのである。「E」は何も記述してはいない。もし「E」が体験記述の言葉であるならば、「E」という記述には真偽があることになるだろう。実際にその体験が起こったときに「E」と記せばそれは真であり、そうでなければ偽である。そして一見すると、「E」にも真偽があるように見えるかもしれない。だが、それもまた、見かけだけにすぎない。

まず公共言語で考えてみよう。例えば私はある色を見て、自然な反応として「緑」という語を口にする。他方、自然な反応としてではなく、それゆえ違和感をもちつつも、快晴の空を見て「緑色だ」と、口先だけで言うことはできる。前者のような発話を「自然な発話」と呼び、後者のような発話を「不自然な発話」と呼ぶことにしよう。嘘やでまかせを言うときなどは不自然な発話になっている。ここで決定的に重要なポイントは、公共言語の場合には、自然な発話としてある色を「緑色だ」と言ったとしても、それはなお偽でありうるということである。例えば、「緑」という語をまだ正確に理解していない場合には、「緑」と呼ぶには適当でない色を、ごく自然な反応として「緑」と呼んでしまうかもしれない。あるいは、自然な反応として「向こうに人がいる」と発話したのだが、実は人形だったというような場合もある。公共言語の場合には、嘘でもでまかせでもない自然な発話が偽になってしまうことは、けっして珍しくないだろう。

ところが、私的言語の場合には、自然な発話は自動的に真となり、不自然な発話は自動的に偽となる。ある体験が生じ、自然な反応として私は「E」と書く。そこに誤解を言い立てる他者の視点は存在しない。その体験を他人が知りえたならば、「それはさっき定義したときの体験とは違う」と言いたくなるものであったとしても、私的言語はそのような他者の視点を排除している。ある体験が生じ、それに対して私が自然な反応として「E」と書けば、その体験は「E」なのである。それゆえ、自然に発話された「E」は必然的に真となる。いや、むしろそこではもはや真偽が意味を成さないと言うべきだろう。ここにおいて「E」の真偽は、公共言語の場合に見られたような実質をもちえていない。そして真偽を言うことに意味がないのであれば、それは記述とは言えない。私的言語「E」は、私的体験を記述してなどいない。

（三〇八―三一〇頁）

「そこに誤解を言い立てる他者の視点は存在しない」という主張が誤りであることはすでに述べた。次に述べる論点はこれとは異なり、なぜ「ある体験が生じ、それに対して私が自然な反応として「E」と書けば、その体験は「E」」であってはならないのか、である。野矢は、自然に発話された「E」は必然的に真となるから、もはや真偽が意味をなさず、公共言語の場合に見られたような実質をもちえない、と論じている。自然に発話された場合には必然的に真となると、なぜ真偽が意味をなさなくなるのか。私にはわからない。

③　野矢の記述するようなことは、「E」のような特殊な言葉でなくとも、ごく普通に起きることである。野矢はなぜかこの場面で「緑」という公共的に確認できる色の例を出して対比的に論じているが、この問題は「痛み」のような(そのような公共的確認ができない)体験と対比的に論じられるべき問題である。自然な発話としてある色を「緑色だ」と言ったとしても、それはなお偽でありうるのは、他人もまたその色を見ることができるからである。では、誰かが自然な発話としてある感覚を「痛い」と言ったとしても、それはなお偽でありうるだろうか。他人はその感覚を感じることができないのに、本当は痛みを感じていないのだと訂正することがどうしてできようか。この問題は、私自身を含めて多くの人が論じてきた問題で、私見によれば、

言語の習得段階と既習段階で区別して論じるべき事柄である。そして、すでにある言語を習得したと認められる話者に関しては、もはや他人による訂正がなされない「第一人称の特権」が成立しうる。これは、私が最近使った言葉でいえば「第一の逆襲」によって成立する事態であり、私がむかし使った言葉でいえば「法によって与えられた治外法権」の成立である。この「治外法権」と法が存在しない「自然状態」の違いを、私は三〇年近く前から論じているのだが、なぜか今回の野矢の議論はこうした議論の蓄積を(私のものに限らず)無視している。* 少なくとも「緑」との対比では問題点を提示することさえできないのは明らかなことなので、なぜここで野矢が「E」を「緑」と対比しているのかは、不思議というほかはない。「痛み」(のような公共言語で語られる私的体験)と対比されていないので反論もできないが、議論を誘発するために、野矢が私的言語「E」の特徴だとするものは実は私的体験を語る公共的感覚言語一般の(その「文法」によって規定された)特徴にすぎない、と断定しておこう。それは、ある体験が生じて自然な反応として「痛い」と言うときにもまた誤解を言い立てうる他者の視点は存在しなくなるのと同種の現象であり、「E」はむしろその純化された典型事例なのだ、と(とはいえ、Eが「体験」であったのと同様、痛みは「感覚」であるから、この場合もやはり、チョークを「痛み」だと言えば、他者から誤りとして訂正されうることを忘れてはならない。どちらの場合も、発話者の「特権」(誤りえなさ)はこの「従属」(訂正可能性)によって支えられていることが重要である)。

＊　拙著『〈私〉のメタフィジックス』(勁草書房、一九八六年)のI－二章におけるX君とY氏の対比を参照されたい(私の記憶違いでなければ、かつて野矢はこの区別について言及して論じたことがある)。なお、この章はほぼ拙論「感じられるものの文法とその『私秘性』」(日本哲学会『哲學』三三号、一九八三年)の再録であり、それはその前年の第四一回大会研究発表「感情の文法」(同誌三二号)に基づくものであるから、ほぼ三〇年前の私見ということになる(懐かしい!)。

私自身のもの以外の国内の主な二つを挙げておく。

奥雅博『ウィトゲンシュタインと奥雅博の三十五年』勁草書房、二〇〇一年。

尾形まり花「基準論は私的言語の不可能性を主張できるか」『哲學』六一号、二〇一〇年。

④　さて、では、「E」には真偽がないというのは本当だろうか。すでに述べたことからもそうでないことはすでに明らかだと思うが、チョークのような事例を離れて正しく体験に適用された場合にも、そこに真偽が生じうることもまた疑う余地がない。野矢自身、「自然な発話は自動的に真となり、不自然な発話は自動的に偽となる」と言っているのだから。それならやはり真偽はあることになるだろう。Eだと思った(野矢の言い方では「自然に「E」と反応した」)ときに「E」と書けば真、Eだとは

思わなかった(自然に「E」と反応しなかった)ときに「E」と書けば偽である。この区別の存在は重要である。もし野矢が自分を騙すためにこの二種類の「E」を出鱈目に日記に書き込んだら、後から読み返した時には、あったはずのその区別(真なるEと偽なるEの区別)はつかなくなるだろう。ということはつまり、そういう自分に対する意地悪をしなければ、後からその感覚日記を参照することによって、いつ自分が〈(本当に)Eだと思ったか＝(本当に)Eだったか〉を知ることができる、ということである。これは、疑う余地なく有用な作業であり、しかも言語なしには実行できない作業である。それが有用であるのは、その日記の記述をもとに、将来、この意味でのEの生起が他の事実(血圧の上昇、等々)と関連していたことが発見される可能性があるからである(単なる論理的可能性ではなく実際問題としてもこれは起こりうることであろう)。これに対して、「E」を出鱈目に書き込んだ方の日記にはいかなる用途もない。その日記の記述に他の事象との関連がもし見つかったとしても、それにはいかなる使い道もないからだ。「このとき私は自然に「E」と反応したんだな」とわかることは、つまり「E」は、時点を超えた伝達という重要な言語的働きを為しうるのだ。

2 血圧上昇感——註1について

次に、「私的言語から公共言語への転回点」と題された註1について。まず、ウィトゲンシュタインはこう書いている。

ここで、日記に記号「E」を書き込むことの一つの適用を考えよう。私は次のような経験をする。私がある特定の感覚をもつときはいつでも、血圧計が私の血圧の上昇を示す。そこで私は、自分の血圧の上昇を計器の助けを借りずに言えるようになる。これは有用な結果である。

(『哲学探究』第二七〇節)

野矢は、血圧の上昇との連動が想定されたこの言語を、〈E〉と区別して〈E1〉と呼ぶ(混同を避けるためにちょっと注意しておくが、私が前節で述べた血圧上昇との連動の可能性は、野矢の表記法でいえば〈E〉との連動であって〈E1〉との連動ではない。野矢の想定する〈E1〉は、すでに血圧上昇との連動がわかっているケースである)。そして野矢は、「言語〈E1〉は公共言語の語——感覚記述に用いられる「痛み」のような語

――たりえている」かと問うて、「ノー」と答えている。その理由はこうである。

私はなんらかの体験に促されて「E_1」と書く。そしてそれに基づいて自分の血圧の上昇を予測する。ところがその予測は外れ、血圧は上昇しなかったとしよう。そのとき私は、「E_1が起こった。でも、血圧は上昇しなかった」と日記に書けるだろうか。(中略)そんなふうに書けるように思われるかもしれない。だが、そうは書けないのだ。

E_1は起こったが血圧は上昇しなかった、そのように認識するためには、血圧が上昇していなくとも、E_1が生じたことを認識できるのでなければならない。だが、それは血圧との連動を離れて、元々の私的言語〈E〉の想定に戻ることにほかならないだろう。私は血圧の上昇と独立に、E_1が生じたことを記述しなければならない。しかし、私的言語〈E〉は、真偽を言うことが意味をもたず、体験記述としての用をなさないものでしかなかった。それゆえ、血圧の上昇と独立にE_1の生起を確かめるなどということは不可能なのである。

(三一二―三一三頁)

この記述は変である。想定されているのはE(すなわち〈Eである＝Eであると思う〉)が血圧上昇と結びつくというケースである。だから「血圧が上昇していなくとも、E_1が生じたことを認識できる」こと(野矢の用語でいえば「自然に「E_1」と反応できる」こと)は自明の前提でなければならない。そうでなければそもそも想定そのものが意味をなさない。「私的言語〈E〉は、真偽を言うことが意味をもたず、体験記述としての用をなさない」という野矢の主張をこの議論において前提してしまえば、この議論は最初から無意味なものになってしまうだろう(そして実際、そうなっている)。しかし野矢は、私には無意味としか思えないこの議論を前提にして、さらに次のように論を進めている。

そうであるとすれば、E_1と血圧の上昇との連動には例外がありえないということになる。予測が外れたとき、私は「例外もあるのだな」と考えるのではなく、「E_1が生じたと思ったけれど、E_1ではなかったのだ」と考えるしかない。血圧が上昇したならば、E_1は生じたのであり、血圧が上昇しなかったならば、E_1は生じなかったのである。それゆえ、「E_1」の真偽は血圧の上昇と完全に(必然的に)連動していることになる。「E_1」が真であるのは、血圧が上昇するときであり、そのときにかぎる。つまり、「E_1」はなんらかの体験の記述として真偽評価が為されるのではなく、たんに血圧の上昇に対する予測として、真偽を与えられているにすぎないのである。ならば、「E_1」はなんらかの体験の記述などではなく、たんに「血圧が上昇する」を意味するものと言わねばならないだろう。（三一三頁）

私には野矢のこの議論の運びは端的に馬鹿げているように思われるので、それをいちいち指摘することはせず、私にはきわめて常識的と思われるこの状況の解釈を端的に提示したい。

E_1はごく普通に「個人的に感じる血圧上昇感」である。それが起こったとき血圧計で測るとほとんどの場合血圧が上昇しているので、それはたいへん役に立つ。もちろんたまに外れるときもあるが、その場合、「血圧上昇感が生じたと思ったけれど血圧上昇感ではなかったのだ」などと言う必要はない。ごく普通に「血圧上昇感が生じたのに血圧は上昇していなかった」と言うべきだろう。血圧上昇感と血圧上昇が独立の事象である以上、血圧上昇感があっても血圧が上昇しないことがありうるのは自明のことではないか。

一般に「尿意」とは膀胱に尿が充満し(第二次内包)これから尿が出るとき(第一次

内包)に感じられるものである。しかし、ある種の疾患によってそのどちらでもないときに尿意だけが感じられるケースがある。当然のことながら、それでも尿意は尿意であり続ける。「尿意があったのに尿が出ない」と言うだろう。ここでそもそも尿意というものを持つ人が一人しかいない世界(他のすべての人が尿を漏らす世界?)を想定してみよう。その人は「尿意」という特殊な感覚を持つ人とされ、その事実は公認されるであろう。たまに外れて尿が出なかったり、(普通の人と同じように?)漏らしたりしても、彼は「尿意があったのに尿が出なかった」とか「尿意がなかったのに尿が出た」等々と言うだろうし、その発言は理解され、承認されるだろう。あたりまえの話であり、血圧上昇感E_1についても同様である。

続いて野矢は、「「E」が感覚記述の言葉となるには、さらに何が必要なのか」と問うて「嘘」「ふり」「がまん」の必要性をあげ、たんに「Eが起こった」と日記に書きつけるだけではなく、「Eのふりをする」とか「Eをがまんする」といった記述にも使用されうるようになることが「私的言語から公共言語への転回点」だと論じている。しかし、私見によれば、「E」は最初からその可能性を内属させている。すでに述べたように、〈Eだと思った＝Eだった〉のにそう書かなかったり、〈Eだと思わなかった＝Eでなかった〉のにそう書いたりして未来の自分を騙すことがそれである。「E」

という言語の介在によって、ある事実について偽なることを述べて、未来の自分という他者を騙すことができるようになった(正確には逆に、そのことで未来の自分という他者を作り出した)のである。自己における時間的隔絶がすでにして右手と左手との関係*とは異なる種類の関係(他なるものとの関係)を生み出している。そのことを見逃してはならない。

＊『哲学探究』二六八節参照。この比喩のポイントは言語を介した他者との関係を自己との直接的関係と対比することにある。私が嬉しいとき、私は自分自身に「私は嬉しい」と言って何かを伝えることはできない(から騙すこともできない)が、他者に向かって同じことを言えば何かを伝えることができる(から騙すこともできる)。他人だから伝える(騙す)ことができ、自分自身だから伝える(騙す)ことができないのではない。逆に、それができることが他者性を初めて作り出し、それができないことが自己性を初めて作り出すのである。実際に他人が介在するかどうか、制度が働いているかどうかが問題なのではなく、根拠とされるその他者性や制度性とはそもそも何によって成立するのか、がここでの問題なのである。が、馬の前に馬車を置くような本末転倒な誤解が非常に多い(たとえば、鬼界彰夫『ウィトゲンシュタインはこう考えた——哲学的思考の全軌跡 1912-1951』講談社現代新書、二〇〇三年、三一九—三二〇頁)。

3 「感覚E」と「体験E」——註2について

一八章のここまでの記述を読んできた読者にとって、この章につけられた註2の内容は衝撃的なものである。もしこの註の主張こそが野矢の主張であるなら、これまでの(註1を含む)本文の議論はすべて誤りであったと言わざるをえないからである。もちろん私自身はその通りすべて誤りであると思っているからこれは歓迎すべき事態ではある。註2は次のように始まる。

> 私的言語〈E〉にきわめて近いものとして、「感覚E」という語について考えてみたい。ある感覚が私に繰り返し生じる。(中略)まったく新しい感覚であり、旧来の感覚の名称はどれもあてはまらない。そこで私はその感覚を「E」と名づける。ここで「感覚」は公共言語のふつうの意味での感覚である。それゆえ、それが「感覚」とされる程度には、状況や身体反応との連動は認められる。だが、Eを他の諸感覚から区別するような特徴的な状況や身体反応は見出されないとしよう。さて、これは私的言語なのだろうか?

実に微妙な問いだが、もしそれが正当に「感覚」と呼べるならば、痛み等の他の感覚と区別する特徴的な状況や身体反応を欠いていたとしても、「感覚E」は私的言語ではないと、私は考える。以下、その理由を述べよう。

(三一五―三一六頁)

その「理由」とは、第一に、「感覚」という語を用いた私的言語の最初の導入をウィトゲンシュタイン自身がすぐ後に「修正」しているという認定、第二に、「感覚E」は「公共言語の「感覚」という語を用いている」という事実、のようである(三一六―三一七頁)。

まず第一に、ウィトゲンシュタインは、「私にある種の感覚が繰り返し生じ、私はそのことを日記につけようと思う。そこで、私はその感覚に「E」という記号を結びつけ、私がこの感覚をもった日にはその記号をカレンダーに書きこむこととする」(『哲学探究』二五八節)と述べて、「感覚」という公共言語を用いて「E」の意味を説明した。たとえその不可能性を示すためであろうと、「感覚」であれ「体験」であれ、なんらかの公共言語を用いてそれが何であるかを説明して見せなければ、そもそも何が不可能なのかさえもさっぱりわからないであろうから、これは当然のことである。

しかし野矢によれば「この言い方はウィトゲンシュタイン自身によってすぐ後に修正される」(三一六頁)。たしかにウィトゲンシュタインは、その三節後に「「E」をある感覚の記号と称することにいかなる根拠があるのか。「感覚」とは言うまでもなくわれわれの公共言語の語であり、私だけが理解できる言語の語などではない。(中略)かくしてひとは哲学するさいに、最終的には分節化されない音だけを発したくなるようなところへと至るのである」(二六一節、三一六—三一七頁における野矢の引用文のまま)と書いた。だがこれを、「すぐ後」になされた「E」の「修正」とみなすわけにはいかない。なぜなら彼は、二六一節以後にも「E」を「感覚の記号」として使い続けているからである。何よりの証拠は野矢自身が直前の註1において自ら引用していた二七〇節のあの血圧上昇との連動の想定である(野矢の引用している部分だけでも十分な証拠になるとは思うが、気になる方はぜひ全文を読んで確認していただきたい)。

次に第二の点。たしかに野矢は「E」を導入する際「感覚」という語は用いていなかったが、しかし「体験」という語は用いていた。おそらくは誰でも知っているように、「体験」もまた、「感覚」と同様に、公共言語に属する語である。*とすれば「体験」についてもまったく同じことが言えてしまい、それは本文(と註1、いやそれどころか次の一九章も)における野矢の主張を端的な誤りとして捨て去ることを余儀なくさせるはずである。野矢は続けて「では、公共言語の「感覚」という語を用いているることが、どうしてそれを私的言語の想定と決定的に異なったものとするのか、検討していこう」と述べて次のような会話を、「意味の分からない会話とも思われない」ものとして紹介している。

ただ私は「最近ときどき感覚Eが生じるんだ」とあなたに言う。あなたは「感覚Eって何？」と尋ねるだろう。私は「いままで感じたことのない新しい感覚が繰り返し生じるんだよ。だからそれを「E」と名づけたんだ」と答える。あなたはさらに「それは気持ちいいのかな、気持ち悪いのかな？」と尋ねるかもしれない。「よくも悪くもない。その感覚が生じたからって何がどうなるわけでもないんだ」と私は答える。あなたは「ふーん」とか言って、それで会話は終わる。あるいは「何か身体に問題がある徴候かもしれないから、気をつけた方がいいよ」とか忠告してくれるかもしれない。なるほどこれは内容希薄な会話ではあるだろう。しかし、意味の分からない会話とも思われない。

（三一八―三一九頁）

これはウィトゲンシュタインが『哲学探究』二五八節で定義した意味での「私的言

語」が使用可能であるという主張であり、また、「感覚」を「体験」に(したがって「感じる」を「体験する」に)置き換えさえすれば、野矢が本文で不可能であるとした私的言語がじつは可能であったという主張にほかならない。はて、私的体験を記述するかに見えた「E」は、他者による訂正がなされえず、真偽が意味をなさないがゆえに、公共言語の場合に見られたような実質をもちえず、何も記述してなどいない、というあの「緑」との対比に基づく議論はどうなったのか。「E」においては、「規則に従っていると思っている」ことと「本当に規則に従っている」ことの区別ができないがゆえに、そもそも言語規則が成立していない、というあの「魚」との対比に基づく議論はどうなったのか。野矢は、註2における新たな議論において私的言語でない(がゆえに存在可能)とされるものについて、本文においては、私的言語である(がゆえに不可能)と言ってしまったことになる。註2における新たな主張を堅持するなら、本文におけるあのような議論はすべて誤りであったとして撤回すべきであろう。なぜなら、今や、「E」に関して、他者による訂正はなされうる必要がなくなり、「規則に従っていると思っている」ことと「本当に規則に従っている」ことの区別は、なくてよいことになったのだから。そして、もちろん、なくてよいのである。

＊　それとも野矢にとって「体験」という語は、「感覚」とは異なり、それ自体が私的言語

に属する語なのだろうか。これは決してからかっているのではなく、重大な論点に通じる。なぜなら、そもそも「体験」というものは一つしか存在せず、他人が「体験」を持つなどということの意味が分からないということこそが私的言語問題の原型であろうから。

さて、ある種の「体験」を「Ｅ」と名づけるという形で私的言語を導入した野矢は、今や「それは「体験」という公共言語を用いることも本来許されないような想定だったのである」(三一七頁)と言う。しかし、「本来」とはどういうことか？　これは、本来は駄目なのだが実際上は大目に見てもらえるような種類の問題なのか。もし「本来許されない」ことであるなら、これまでの(本来許されないような想定のもとでなされた)議論はいったい何だったのか。次の一九章においてもなおこの「本来許されないような想定」が当然のように使い続けられるのはどういうことなのか。この〈本来性‐非本来性〉のもつ意味を徹底的に掘り下げることこそが(二四〇ページの注記で触れた論点が不可避的に関与してくる)この問題の生命線なのだが、この点に関して野矢は不思議なほどに鈍感である。

野矢はさらに、「感覚」や「体験」であることを否定された新たな(つまり「本来」の)私的言語について、「いっさいの公共言語と隔絶されたところで私は何ごとかと向き合い、それを「Ｅ」と名づける。それが、私的言語の想定である」(三一七頁)と言う。

しかし、なぜ「何ごとか」や「向き合う」等の使用は「許される」のか。野矢が典拠とする『哲学探究』二六一節の、野矢の引用では省略されている部分で、ウィトゲンシュタインはこう言っている。「それは感覚なんぞではないのだ、「E」と書くとき彼には何ごとかが起こっているのだ(habe er *Etwas*)、それ以上のことは言えないのだ、と言ってみたところで、やはり何の役にも立たないだろう。「起こる(haben)」や「何ごとか(Etwas)」もまた公共言語に属しているのだから」(強調原文、訳は永井訳)。私には最も核心的と思われるこの発言を、なぜ野矢はあえて無視するのか。この点に関しても野矢は私には不思議なほど鈍感である。

4 隣り合う各人(各時)の心

最後に、もはやかなり圧縮した形にならざるをえないが、野矢の議論を離れてウィトゲンシュタイン自身の関連する箇所について私見を述べたい。なお、ここまでの野矢批判は以下で述べる私見とは独立であり、後者の正否にかかわらず、成り立つはずである。

では、そもそも二六一節は何を言っているのだろうか。私は、『哲学探究』というテキストの内部の連関だけでこの節を理解することは不可能だと思う。もしそれをあえてするなら、「「E」をある感覚の記号と称することにいかなる根拠があるのか」という問いに対する答えは、「あなたが三節前にそう言ったからだ」に尽きる。「「E」が「感覚」またはそれに類する(公共言語で語られる)何かの内部の分類名である(その下位分類だけが私的になされる)という前提を外してしまえば、この話はそもそもの初めから何を言っているのかまったく分からないものとなってしまうだろう」と付け加えてもよい。ここでの彼の議論の展開は明らかに拙速で必要な媒介を欠いているのである。

では、なぜウィトゲンシュタインはここで「E」が「感覚」であるという前提そのものを否定しようとしたのか。そしてなぜそんなことがそもそもできると信じているのか。第一の(動機についての)問いに対する答えは、それが彼のそもそもの問題意識だったからであり、第二の(根拠についての)問いの答えは、私的言語とはそもそも世界の中に存在するある個人の言語に関する問題ではないからである。それは、「何が見られていようと、見ているのはつねに私だ」という独我論的主体たる「私」の言語に関する問題であり、あえて「体験」という語を使うなら、およそ体験を持ちうるのは私だけであり、そもそも私以外の他人が体験を持つなどということの意味がわからないというような、そういう「私」の言語に関する問題なのである。*

＊ これは、他人はゾンビかもしれないという水準の問題ではない。もしあえてゾンビという語を使うなら、他人であることによってもうすでに現にゾンビである、という水準の問題なのだ。だから当然、他人が見る、痛い、等々の「体験」を持つことなどそもそも不可能である(私が他人の体に、ならありうるが)。当然、「体験」もまた私的言語である。少なくともいったんはこの見地に身を置き、それに完璧な説得力を感じていないと、ウィトゲンシュタインが何と闘っているのか、体系的な誤解を引き起こすことになる。

そういう「私」の特徴は、何よりもまず、固有名で置き換えられないという点にある。本章の最初の方(二二二頁)で私は、「私」を主語として語られる野矢の「E」は、簡単に「野矢茂樹に繰り返し起こる、野矢自身だけが識別できる、独特の体験の名前」で置き換えられてしまうと指摘したが、それはこの対比を念頭においてのことであった。この置き換えがなされえない状況の提示こそが、二六一節の隠された背景だと考えなければならない。『青色本』のウィトゲンシュタインは、自分の視野を指して「本当に見えているのはこれだけだ」等々と語ろうとする独我論者の「疑似命題」について、こう書いている。

私が、この意味において[自分の視野を]指しながら、「これが本当に見えているものだ」と言うならば、人は私にこう答えてよい。「これは君、すなわちL. W. に見えているものだ。でも、普通には「L. W. に見えているもの」と言われるものを「本当に見えているもの」とするような表記法を採用したって、それは別にかまわない」と。しかしもし、私の文法においては隣り合うものを持たない(has no neighbour)ものを指しながら、私が(他者にではないにしても)私自身には何かを伝達しうると信じているならば、私は「私はここにいる」という文が(中略)私にとって意味を持つ(そのうえ常に真である)と思うのに似た誤りを犯している。

(Ludwig Wittgenstein, *The Blue and Brown Books*, Basil Blackwell, 1975, pp. 71-72.『ウィトゲンシュタイン全集６』大修館書店、一九七五年、一二七頁、ただし訳は永井)

こういう場合に「私」が「私自身には何かを伝達しうる」と信じているなら、それは不可能である。それが不可能なのは、体験されたものとそれを語る言語が癒着しているため、あらためて言語で伝えるべきものが存在しないからである。しかし、もし主体である「私」が「L. W.」に置き換え可能なものとされるなら(したがってまた見えているものが他者に見えているものと隣り合う何かとなるなら）、その時には伝えるべきものが生じる。L. W. にはこれらが見えているがS. N. にはあれが見えている、といった対比が生じるからである。ウィトゲンシュタインは言っていないが、同じことの時間バージョンも考えられ、もし「今」が「二〇一一年一二月四日午後二時」に置き換え可能とされるなら（したがってまた対象が他時点のそれと隣り合う何かとなるなら）、その際には伝えるべきものが生じる。二〇一一年一二月四日午後二時にはこれらが見えているが二〇一一年一二月五日午前九時にはあれが見えていたといった対比が生じるからである。*「E」が「感覚」だとさえも言えなくなるときには、その主体である「私」が固有名で指されえなくなるだけでなく、日記（ウィトゲンシュタインの原文では「Kalender」だからあらかじめ日付がついているはず）に書き込むという想定も不可能とならねばならない。このことによって「E」の私的言語化は今的言語化をともなって完成する。「分節化されない音だけを発したくなるようなところ」とはここである。

＊『論理哲学論考』五・六一の「それゆえわれわれは、論理の内側で「世界にはこれらは存在するがあれは存在しない」と語ることはできない」における「これら」と「あれ」の対立を私はこのように取り、それらは「世界の限界」の外側から対等に眺めて対比的に

「語りうる」ようなことがらではないということこそが『論考』の独我論であると見なす。もし対比的に「語りうる」と見なせば、「ある可能性を排除しているように見えてしまうが、実はそんなことはない」(同)からである。この箇所に関しても、野矢の解釈(二七—三〇頁)と私のそれは非常に異なる。私から見れば、野矢の解釈は独我論ではなく、たんに各人の知識はその経験の違いに応じて異なっているという事実の提示でしかない。この点については米澤克夫「ウィトゲンシュタインの独我論」(『帝京大学文学部紀要教育学』二七、二〇〇二年)も参照のこと。

ここはもちろん「自然状態」であって「治外法権」ではないのだが、われわれから見れば[*1]「自然状態」は「治外法権」に読み換えられて現れざるをえない。そこで発せられる独我論的発言(「これだけが見えているものだ」等々)は、「私はここにいる」という文が「常に真」であるように、「常に真」である主張に読み換えられうるからだ。それによって、独我論が語ろうとする「たまたまの孤独」[*2]はどこまでも語りえないものとなるのである。

＊1　詳述する余裕がないが、ここにこそ最も重要な問題が隠されている。たとえば「公共言語」は二種の異なるものを指しうるだろう。第一に私的な言語と対比された一般的に公的な言語を指しうるが、第二にはわれわれの〈この公共言語〉を指しうるからだ。つまり、〈単数－複数〉の対立とは独立に〈そこに私がいる－そこに私がいない〉の対立があり、たと

えば野矢の扱うデイヴィドソンの議論はほぼ全面的に〈このわれわれ〉のもつ〈この性〉の力に依拠した、その意味で著しく独我論的な議論であるといえる。なぜならそれは、前注の、「これら」と「あれ」を対比的に語ることができないという議論と本質的に同じだからである。デイヴィドソンの相対主義批判は、この観点から見れば、ウィトゲンシュタイン的独我論に基づくものである。

＊2　拙論「たまたまの孤独」『(KAWADE 道の手帖)ウィトゲンシュタイン』河出書房新社、二〇一一年、参照。

この「本来の」私的言語が公共化され非本来化されるために必要な媒介は、野矢の用語でいうところの「場」を、言語の「分節化」に対応して分節化する作業なのだが、そのためにまず必要とされるのは、〈私＝世界〉であった唯一の「場」が、その世界の内部の一個人(たとえば、L. W.)と同定されること(同様に〈今＝永遠〉もまたある一時刻と同定されること)である。つまり、まずは〈独我論＝実在論〉が解体される必要があるのだ。＊

＊　これは、第4章で述べた、「始点と総体」ピクチャーが「個人と全体」ピクチャーへ読み換えられる運動に対応しており、また拙著『改訂版 なぜ意識は実在しないのか』(岩波現代文庫、二〇一六年)で使った比喩でいえば、最初には一つだけ裏返って(その中に世界

を入れて）いた缶詰を、他の缶詰と同様に表返す作業に対応している。

客観的言語（と客観的世界）の成立にとって先決要件をなすのは、主語－述語（実体－属性）カテゴリーによって〈私＝世界〉そのものが固有名で指される世界内の一個人として〈実体化〉されることなのだが、これはもちろん、「観念論論駁」や「誤謬推理」でカントがおこなった（デカルト的）独我論批判の作業と軌を一にする。だが、物理的世界内で時間的に（計測可能な仕方で）持続する一物体と見なされるに先立って、「私」はまずは人称化されて（「今」が時制化されるとともに）いなければならない。人称化とは、各人が反省的意識によって自己を指すという意味での「私」の成立（時制化とは各時点が反省的意識によってその時点を指すという意味での「今」の成立）を意味する。[*1] これこそが〈私＝世界〉の「自然状態」を解体し、およそ言語を可能ならしめる根源的な前提であり、「体験」や「感覚」といった概念が成立しうるのはまさにそのことによってなのである。[*2]

＊1　『〈私〉の哲学　を哲学する』（講談社、二〇一〇年）所収の拙論を参照。

＊2　『私・今・そして神――開闢の哲学』（講談社現代新書、二〇〇四年）において私は、公共的言語の成立のためには他者の存在以前にそのこと自体を初めて可能にする客観的言語が成立していなければならないという問題意識のもと、私的言語相互のカテゴリー的（実

体‐属性、原因‐結果、等の）連関がまずは不可欠であると考えたが、野矢は一九章においてこれを「複雑な私的言語」とみなして、そこに公共性がないと批判している。公共的言語と客観的言語の対立（客観的言語の優位性）という論脈自体を無視した「批判」だが、その点を詳述する余裕はもはやないので、関連するより重要な点に触れておきたい。ワインがこじむいなどという実体‐属性関係より遥かに重要で基礎的なのは、「私（＝永井）は今（＝二〇一一年一二月四日午後二時）Eを体験している」という人称化と時制化に基づく実体‐様態関係の成立である。これこそが公共言語成立の基盤なのである。

「体験」や「感覚」といった概念さえ成立していない「自然状態」における（本来の）私的言語においては、自己自身への伝達もまた不可能となる。ここにある問題は、規則（意味、概念、等）の記憶からの独立性という問題である。言語規則といえども他の事象と同様記憶されていなければ使い物にならない。がしかし逆に、記憶といえども言語規則に支えられて初めて成り立つはずである。とすると、この循環はいかに回避され、言語規則（意味、概念）の記憶からの独立性はいかにして保証されるのか。

人称化が成立して第一人称の特権が確立していれば、この独立性は（「法によって与えられた治外法権」として）すでに前提されている。周囲に誰もいない状況で、取り立てて原因もなく、特に特徴的な身体反応もなしに、どこかに痛みが起こった（と感じた)なら、そこには「痛み」が起こったのである。認知の誤りの可能性とともに、「痛い」という語の使用規則の誤りも疑われない。このとき、「これは痛みである」という「痛み」概念を前提にした記憶の存在と、「「痛み」とはこれおよびこれに似たもののことである」という記憶の存在を前提にした概念把握は、融合している*(ゆえに権限が集中していてチェック機能が働かない)が、それがまさに「特権」として承認されている。そして、この特権は「感覚E」や「体験E」においてはむしろ典型的に現れることになる。

* 「私には緑に見える」でいえば、これはじつは「私には「私には『緑』だと思われる色」に見える」という二重内在化構造をなしているということである。

しかし、第一人称の特権が成立していない状況では、この融合は(ある枠組みのもとで部分的にその存在の余地が認められるのではなく)全面的となる。ここでは、ある事象をそれと独立の言語規則に従って語るということがそもそも成り立たない。言語規則の把握の誤りとその言語規則に則って表現される事象の認知の誤り(見間違い、記憶違い、等)の区別は全面的に成り立たない。この全面的な融合はすなわち言語規則の不成立を意味する。

「E」の記入に関して、嘘を書いて自分を騙したり、後になって血圧上昇との結びつきが発覚したりしうるのは、「Eであると思う＝Eである」という主観的な出来事が客観的世界の中で一個体に起こるある一定種類の出来事(一個の個物)として承認されていたからだ。ところが、すべてが「〜と思われる＝〜である」の世界では、ある特定の主体が(ある特定の時点で)「〜と思う」ということがそもそも成立しない。「〜と思う」こと自体が(本来の)私的言語でしかないため、それもまたふたたび「〜と思う」ことの配下に入らざるをえないが、この背進はどこまでも終わらないからである。「「〈〜と思う〉と思う」と……」という後退がどこまで行っても(特定の人の客観的な「思い」として位置づけられて)終結することがない。*

＊『哲学探究』二六〇節の「君はEだと信じていると信じているのだ」を、私はそう解する。

これを阻止しうる唯一の方途は、私(と今)が「実体」化され、(つまりたとえば、L. W. と同定され)、隣り合うものを持つことである。他人が体験を持つということの意味がわからないというような種類の(ウィトゲンシュタイン的)独我論を超える途は、そのことを普遍化する(誰でも同じ意味でそう言えるのだと認めることによってそう言う〈私〉の特権性を否定する)ことしかありえない。* それがすなわち言語の可能性の根拠であり、したがってまた客観的主体の成立条件でもある。だからじつはそれによって初めてその種の言明（「他人が体験を持つということの意味がわからない」というような）も可能になるのだ（その人が「〜と思う」という仕方で）。

＊　かわりに文法的な特権性を与えることによってである（これが独我論が「語りえない」ものとなる道筋である）。

時制化の仕組みも基本的にはこれと変わらない。ここでもやはり、過去における「〜であった＝〜であると思った」ことが現在における「「〜であった＝〜であると思った」と思う」へと吸収されてしまうことを阻止しうるのは、この仕組みが働くことによってのみである。時制化が成立し、時が隣り合いうるものとなることによって、今の私は、今の理解で「Ｅ」と書き、過去に書き込まれた（未来に書き込まれるであろう）「Ｅ」の意味を今の理解で理解するにもかかわらず、過去の私がおこなった（未来の私がおこなうであろう）Ｅ判断そのものは、その理解とは独立に、言語的に信頼できる（だからこそ騙すこともできる）ようになる。３節で引用した「感覚Ｅ」についての「意味の分からない会話とも思われない」会話がこう続く場合を考えてもらいたい。「実は僕も、最近、いままで感じたことのない新しい感覚が繰り返し起こるんだよ。君と同じだから、僕もそれを「Ｅ」と呼ぶよ」と。その場合、「Ｅ」の意味は「私」の感じるもの（およびその記憶）とは独立に与えられており、「僕」のおこなう

「私」の知らない感覚同定は言語的に信頼されている。[*1] それと同様に、この場合(時制化が成立し、時が隣り合いうるものとなる場合)にも、「E」の意味は「今」感じる(記憶している)ものとは独立に与えられるのである。ここに記憶を超えた規則(意味、概念、等)の成立基盤がある。[*2] 人称化・時制化によって言語の側に委ねられた同一性が生じうるからである。[*3][*4]

*1　ついでに言えば、「僕」のような人が増えてくれば、「E」はみんなの言語になっていくだろうが、その仕組みは本質的な点では「痛み」その他の感覚言語の仕組みと変わらず、また、われわれに想定可能なすべての「私的言語」はそのような発展を可能にする言語的仕組みを最初から備えていざるをえない。

*2　人物を隔てる場合にも、時間を隔てる場合にも、これによっていわゆる「クオリアの逆転」の想定の可能性が(そんな想定は無意味だとみなす可能性とともに)開けることになるだろう。

*3　最初に提示した「野矢茂樹に繰り返し起こる、野矢自身だけが識別できる、独特の体験の名前」が成立する(成立してしまう)のはこの仕組みが働くからである。

*4　この論文は昨年(二〇一一年)の哲学会で配布したハンドアウト(にごく微細な修正を加えたもの)である。その際に「喋った」内容が次章「語りえぬものを示す(2)」である。

第8章　語りえぬものを示す⑵
——時間を隔てた他者の可能性としての私的言語の可能性

この章は、前章「語りえぬものを示す⑴」の続編であり、それが昨年〔二〇一一年〕一二月四日の哲学会シンポジウム「語りえぬもの」において配布されたハンドアウトを論文化したものであるのに対して、これはその際に口頭で話したことを論文化したものである。独立に読めることを意図して、冒頭部には前章の最終節との論旨の重複がある。

1　問題の前提

ウィトゲンシュタインは『哲学探究』二六一節において、次のように言っている。

「E」をある感覚の記号と称することにいかなる根拠があるのか。

「感覚」とは言うまでもなくわれわれの公共言語の語であり、私だけが理解できる言語の語などではない。この語の使用には、すべての人が理解するような正当化が必要なのである。――それは感覚なんぞではないのだ、「E」と書くとき彼には何ごとかが起こっている(habe er *Etwas*)、それ以上のことは言えないのだ、と言ってみたところで、やはり何の役にも立たないだろう。「起こる(haben)」や「何ごとか(Etwas)」もまた公共言語に属しているのだから。かくしてひとは哲学する際に、最終的には分節化されない音だけを発したくなるようなところへと至るのである。――だが、そのような音声も特定の言語ゲームの中でのみ一つの表現になっているのだから、まずはその言語ゲームが記述されねばならない。

なぜウィトゲンシュタインはここで「E」が「感覚」であるという前提そのものを否定しようとしたのか。この問いから再出発しよう。前章でも述べたように、それはそもそもウィトゲンシュタインにおける私的言語の問題が、「何が見られていようと、見ているのはつねに私である」と主張する独我論的主体の言語に関する問題だったからである。その独我論的主体は、「そもそも感覚を持つのは私だけであり、他人が感覚を持つなどということの意味がわからない」と主張している。『青色本』において詳述されたこの問題こそが『哲学探究』の「私的言語」問題の背景であると考えねばならない。

この「独我論」に関しても多くの誤解がある。最も代表的なものは、これを「他人の感覚は感じられないのだから、彼らは実はみなゾンビなのかもしれない」というような懐疑論の水準で理解しようとするものである。まったくそうではない。もしあえてゾンビという語を使うなら、他人であることによって、彼らはもうすでに現にゾンビなのである。なぜなら、彼らの感覚は現に感じられないし感じられる可能性もないのだから。可能性があるのは、私が他人の身体に何らかの感覚を感じることであり、他人が感覚を持つなどということは考えることもできないし、そもそも何を言っているのか意味がわからない(したがって、それが無いかもしれないと「疑う」ことなどできない)。これがウィトゲンシュタイン的独我論である。この場合、当然、「感覚」は私的言語とならざるをえない。しかし、それはいったい誰の私的言語なのか。そのことを語ることができるだろうか。

独我論的な主体である「私」は固有名で置き換えられない。この置き換えがなされえない状況の提示こそが、二六一節の隠された背景だと考えなければならない。『青色本』のウィトゲンシュタインはこう述べている。

> 私が、この意味において[自分の視野を]指しながら、「これが本当に見えているものだ」と言うならば、人は私にこう答えてよい。「これは君、すなわちL. W. に見えているものだ。でも、普通には「L. W. に見えているもの」と言われるものを「本当に見えているもの」とするような表記法を採用したって、それは別にかまわない」と。しかしもし、私の文法においては隣り合うものを持たない(has no neighbour)ものを指しながら、私が(他者にではないにしても)私自身には何かを伝達しうると信じているならば、私は「私はここにいる」という文が(中略)私にとって意味を持つ(そのうえ常に真である)と思うのに似た誤りを犯している。
>
> (Ludwig Wittgenstein, *The Blue and Brown Books*, Basil Blackwell, 1975, pp. 71–72)

こういう場合、「私」が「私自身には何かを伝達」することができないのは、体験されたものとそれを語る言語が完全に癒着しているため、あらためて言語で伝えるべきものが存在しないからである。時計が計時機能を果たすためには、針が文字盤と独立に運動して、文字盤の目盛りのどこかを指さねばならない。目盛りの各位置は針の運動と独立にあらかじめ可能的に何かを指しており、針がそのどこかを現実に指すことによって、諸可能性のうちのどれが実現されているのかが示されるわけである。たとえば、これを書いている現在、私の腕時計の針は五時一四分を指しているが、この場合「隣り合うもの」は五時一三分や五時一五分等々であり、針はその位置を示すことによって、「これらではなくてこれである」という事実を語っているのである。

しかし、独我論的な主体は「隣り合うもの」を持たないので、「これが本当に見えている」と言っても、その「これ」がどれらでないこれであるのかが語られえない。このことが、独我論が語りえないということの意味である。しかし、もしその「私」が「L. W.」に置き換え可能なものとされるなら、そして、そのことによって見えているものが他者に見えているものと隣り合う何かであるとされるなら、その際には伝えるべきものが生じることになる。L. W. にはこれらが見えているがS. N. にはあれが見えている、といったぐあいに、隣り合い(対比)が生じるからである。[*]

* このことと『論理哲学論考』とのつながりに関しては、前章「語りえぬものを示す(1)」の二四六ページの注記を見られたい。

「私」を「今」に置き換えるなら、同じ「隣り合い(対比)」は時間についても考えられ、時計の比喩はまさにそのことを示していた。針の位置はいつも「今」を示してはいるが、それが意味を持って何かを語るためには、文字盤が針と独立に存在してその各位置がすでに可能的に何かを語っており、針はそのうちのどれかを(他の可能性との対比において)現実に指さなくてはならない。「今」が「二〇一二年四月二五日午後五時二一分」のような(隣り合うものを持つ)何かに置き換え可能である限りにおいて、今は他の「今」に対してのみならずその今自身に対しても、伝えるべき何かを持つことになる。二〇一二年四月二五日午後五時二一分にはこれらが見えているが二〇一一年一一月五日午前九時一三分にはあれが見えていた、といった対比が生じるからである。

「E」が「感覚」だとさえも言えなくなって、ただ「分節化されない音だけを発したくなる」際には、主体である「私」は固有名で指されえなくなっており、したがってそれが誰の私的言語であるのかさえも言えなくなっている。彼は、隣り合うものを持たないので、誰かであることがないからである(隣り合う者に認められなければ誰かにはなれない、などという意味ではないので誤解なきよう。対比項がないのでそもそも何かであることができない、という意味である)。

その際にはまた、「E」を日付がついているカレンダーに書き込むこともできなくなっているはずである。私が誰でもない(誰と対比されてもいない)単なる私であるのと同様、今はいつでもない(いつと対比されてもいない)単なる今であるはずだからである。カレンダーは、時計の文字盤と同様、そのどこが今であるかとは独立に、今が生起する可能なあり方をあらかじめ限定している(例えば、二五日の翌日は必ず二六日であって、それは一般的な「翌日」関係の一例である、というような仕方で)のだが、「E」の生起は、そうした枠組みによっても限定されることができないことになる。すなわち、何であるとも言えないEが、誰であるとも言えない私に、いつであるとも言えない今において、起こるのである。その場合、もちろん私的言語「E」は何も語ることができない。

話は少し逸れるが、ここでひとこと注意しておくなら、「私」や「今」と違って「現実世界」に関しては、われわれは隣り合うもの(他の現実)のない現実に生きている独現論的主体である。したがって、この世界で前提とされている根源的な規則や法則に関しては、それを他との対比において正当化することができない地点へ、どこかで必ず到達することになる。想定される可能性は、すべてわれわれのこの現実世界の内部における想定だからである。たとえば、クリプキが想定したクワスという規則は、その想定が(まさにそれこそを)疑っているはずのプラスの正当性を前提せずには定式化することもできない。グッドマンが想定したグルーも、その想定が(まさにそれこそを)疑っているはずのグリーンやブルーの正当性を前提せずには定式化することができない。クワスやグルーはプラスやグリーンの隣り合うものではなく、プラスやグリーンには実は隣り合うものがない。それらはもはや、正当化なしに(すなわち、何かと対比されてそれらではなくこれであると規定されることなしに)剝き出しで「とにかく=根拠なしに*」前提されるほかはないのだ。

＊　拙著『ウィトゲンシュタイン入門』ちくま新書、一九九五年、一五五頁参照。

話を戻して、この独我論的・独今論的状態は、前章で使った言葉を使えば、「自然状態」であって「治外法権」ではないのだが、しかしすでにして法秩序の内部にいるわれわれから見れば、それは法秩序を前提にした「治外法権」にしか見えない。そういう視点から見れば、「現実に見えているのはこれだけだ」とか「何が感じられようと感じているのはつねに私だ」といった独我論的発言は、いかなる感覚もその感覚の主体によってしか感じられないという、法によって与えられた(文字盤やカレンダーの構造に由来する)自明の真理の表現に読み換えられることになる。その場合、何が感じられているか、何が見えているかの決定権も、その感覚を持つ主体に与えられることになる。このような発言は他人によってなされても同じ意味で自明の真理を表現していることは言うまでもない。それこそが独我論的発言が否定したかった当のことなのに。

「何が起ころうと、それが起こるのは必ず今だ」とか「すべては今起こっている」といった独今論的発言についても、同じことが言える。それらは、いかなる出来事もその今においてしか起こらないという自明の真理の表現に読み換えられることになる。そして、この発言はいかなる時点においてなされても、したがってもちろん過去や未来(における「今」)においてなされても、同じ意味で自明の真理を表現していることになる。それこそが独今論的発言が否定したかった当のことなのに、である。

どちらの場合も、この私やこの今とべったりと癒着して、まさにただそれだけをじかに指して言われねばならなかったはずのことが、一般的に認められて形式化され、どの私でも、いつの今でも、同様に言ってよい「権利」になってしまっている。癒着自体が現実の癒着ではなく可能的・一般的・形式的・理念的なものになってしまうわけである。そうなれば、針と文字盤の癒着という比喩の意味自体が変わってしまう。あえてこの比喩に固執して表現するなら、針のほうが文字盤に固定されていたはずなのに、逆に文字盤のほうが針に固定されて一緒に回ってしまうわけである。そしてもちろん、この二つのことは「同じこと」になってしまうだろう。

ふたたび現実世界の現実性との類比を挿入するなら、この現実世界のこの生々しい現実性が問題であったはずなのに、それが、「現実性」という（そして「生々しさ」という）概念の問題に変質してしまい、いかなる可能世界においても成立する「現実性」一般の問題にすりかえられてしまうわけである。

ふたたび話を戻して、このとき独我論において他人によって主張された独我論に対応するのが、独今論においては文字に書かれた独今論なのである。「何が起ころうと、それが起こるのは必ず今だ」とか「すべては今起こっている」といった独今論的発言は、それが書かれることによって、ちょうど「現実に見えているのはこれだけだ」とか「何が感じられようと感じているのはつねに私だ」といった独我論的発言が他人によってなされる（のを聞く）ときと同様、すでにして言わんとしたこととは違うことが言われて（読まれて）しまうことになるわけである。

独我論・独今論の立場から見れば、これは確かに困った事態ではあるが、言語の成立という観点から見れば、もちろん歓迎すべき事態である。独我論の場合でいえば、このことによって初めて、誰でも（すなわち他人でも）対等に自分のことを「私」と言って、その発話者自身を指すという、「人称」という文法装置が成立するからであり、独今論の場合でいえば、このことによって初めて、いつでも（すなわち過去や未来でも）対等にその時点のことを「今」と言って、その発話時点自身を指すという、「時制」という文法装置が成立するからである。「初めて……成立する」と言っても、われわれはつねにすでにそれが成立したことによってもう成立している側から事態を見ているわけではあるが。

　われわれはすでにしてそれが成立したことによって成立している側にいるといっても、そのことによって独我論や独今論が消滅してしまうわけではない。もし消滅してしまうなら、自己意識をもって「私」と言うたくさんの人々のうち、どれが現実の私であるかがわからなくなってしまうであろうし、「今」であった／であるだろうたくさんの時点のうち、どれが現実の今であるかもわからなくなってしまうであろう。ここに言語の限界点がある。「無法地帯‐治外法権」という比喩は、成立した法の側の観点からの比喩であって、ある意味では一方的な見方なのだが、この見方に固執する場合にさえ、この「治外法権」は「無法地帯」の存在を前提にしてしか成り立ちえないということが重要なのである。この事実を考慮に入れるか入れないかで、独我論や独今論をめぐる問題は、したがってこれから論じる私的言語の問題も、違う問題になってしまうので、若干の注意が必要である（この点については前章「語りえぬものを示す(1)」の二四七ページの注記＊1を参照されたい）。

2　私的言語は今秘性の不在をどう乗り越えるのか

『哲学探究』二五八節で導入される私的言語「E」の可能性の問題とは、人称の成立によって言語的交通が可能な他者が作り出されるのと同じことが時制の成立によってもなされるだろうか、という問題である。私的言語「E」は、後から読まれることを期待して日記帳に書かれる。後から読むのも私自身ではあるが、しかし今の私でなく未来の私である。読む側から言えば、それを書いたのも私自身ではあるが、しかし今の私ではなく過去の私である。これは、他人と(時間を隔てずに)喋る場合とどう違うのか。

野矢茂樹は、前章で論じたように、言語が成り立つためには、思いと独立に対象があって、言語が対象を個別化しなければならない、と考えていた。しかし、そのように考えられてしまえば、私的言語がその条件を満たさず、言語たりえないことは初めから自明のことにすぎなくなる。私的言語においては、対象が自分の感覚で、他の何とも繋がっていないのだから、対象が実際に存在することと存在すると思うことは切り離しようがないからである。

感覚の生起が問題であっても、他人との間であれば、この癒着はもはやないから、言語で伝達すべき情報が生じる。二人に共通の言葉で(例えば)「痛い」と言ってもらわなければ、何が起こっているのか(そもそも何かが起こっているのかどうか)わからないからだ。自分の場合には、もし時間を隔てていなければ、言葉で知らせるべき情報はない。「これ」と言って(言わなくても)自分でそれを直接内観すればそれでよいからである。「E」と言っても「S」と言っても、もちろん同じことである。

だが、時間を隔てた場合はどうか。それを指す語が必要になるだろう。それ自体は消えてしまうからである。個別化という点からいえば、それが生起したと「思う」ことでその「思い」が生じるという出来事が個別化されるだけである。そのとき、それが生じたかどうかが分かるのは自分自身だけである。そのことと独立に客観的な出来事が存在しているわけではない。言い換えれば、その思いが、ある時点で、その人に、生じたということが、すなわち客観的な出来事なのである。もし時点と人物が客観的に捉えられているのであれば。私がいま人知れず、生まれて初めて味わう特殊な気分を感じたなら、永井均という人間が二〇一二年三月一二日午後二時一五分にそのような気分を感じた、という客観的事実が成立するわけであって、これは単にあたりまえのことにすぎない。人称化によって、私が永井均と同定されていれば、そのような主観的な出来事がすなわち客観的出来事であるから、私がそのことを他人に伝えることができるのもまた自明のことにすぎない(これは恐らく野矢が註2で認めたことである)。

問題はむしろ、それを(時間を隔てて)自分に伝えることができるか、である。すなわち、時間の隔たりが言語で伝えるべきものを作り出せるか、である。なぜなら、他人との間では、われわれはだれもテレパシーのような能力を持っていないので、心の中で起こることや感じることを言葉で伝え合うしかないのだが、自分自身との間では、たとえ時間を隔てていても、記憶力というテレパシーにも似た不思議な能力をもっているからである。

すでに述べたように、『青色本』のウィトゲンシュタインは、自分の独我論概念を説明するに当たって、興味深い対比を導入していた。独我論者は他人が痛みを感じるということの意味がわからないからそんな事態は想定不可能だが、他人の身体に自分が痛みを感じるという意味での「他人が痛い」ということの意味ならわかるので、そういう状態ならば(経験したことはないとはいえ)想定可能である、という対比である。この問題そのものをめぐっては『ウィトゲンシュタインの誤診——『青色本』を掘り崩す』(ナカニシヤ出版、二〇一二年)において詳述したので、そちらを見ていただくことにして、ここで考察してみたいのは、「他人が痛い」の代わりに「私は痛かった」という過去形を置いた場合(すなわち人称を時制化した場合)にはどうなるか、ということの対比の時制バージョンである。

当然のことながら、実際には他人の身体に痛みを感じることなどは起こらない。しかし、自分の過去に関しては、すなわち「私は痛かった」の場合には、過去に痛みが存在した(すなわち「痛かった」)こととは別に、他人の身体に自分が痛みを感じることに当たることが実際に実現してしまっている。記憶の存在がそれである。記憶は、言語的な描写を経ずして(すなわち概念を媒介せずに)、事象そのものを直接把握できる(そのときの痛さそのものを直に思い出せる)。このような種類の繋がり方は、自他の間にはまったく存在しない。しかし、この利点こそが言語の働きにとっては不利に働くのだ。なぜなら、先ほど「自分でそれを直接内観すればそれでよい」と言った状況が、時間を隔ててもなお、記憶の介在によって再現してしまうかもしれないからである。先ほどは「それ自体は消えてしまう」と言ったことが、実は消えずに残り続けるかもしれないのだ。

もしこの記憶の浸潤が全面的なら、時制化は不可能であろう。いま現に記憶されていること、想起できることに、すべてが吸収されてしまうからである。独我論の場合に、私が思うことにすべてが吸収されてしまうのと同様に。しかし実際には、時制化によって、いま現に記憶されていること、想起できることと同じ種類の他のことが、他の時点でもそれぞれ成り立っている、という了解がすでに成立している。森羅万象はただ私に立ち現れるだけでなく、それと同じ種類の他のことが他人にも(すなわちその人にとっての森羅万象として)立ち現れている、という了解が成立しうるのと同様に。この了解こそが言語成立の基盤なのである。*

＊ 第5章の一五六頁の注の議論との対応に注意されたい。

そうであれば、時間を隔てた自己内言語が可能である(どころか言語の成立にとって不可欠である)はずである。〈Eであった＝Eだと思った〉という事実を、日付の付いた日記帳に「E」と書くことによって、時間を超えて伝達できねばならない。後になって、二〇一一年一一月五日午前九時から一五分間、自分がEを感じていたことを、その記録から読み取ることができねばならない。

もちろん私は、Eとは何であるかを、私の記憶からしか知りえない。だから、ひょっとして毎回(あるいはしばしば)記憶違いが起こっていてもわからないではないか、と言われるかもしれない。しかし、そうではない。ここでは「記憶違い」は決して起こらないのである。今からちょうど百年間だけ時間が止まる(すべての物の動きが止まるという意味で)ということが決して起こらないのと同様な意味で。どちらもその針を位置づけるべき独立の文字盤が想定できないからである。にもかかわらず、〈Eである＝Eだと思う〉(これは癒着している)の生起と「E」と書くことは独立しているので、そこでは針と文字盤は分離している。まずはこの分離によって、「E」の言語性が(いわば形式的に)確保されている。そして次に、もし正しく「E」と書けば、Eの生起はE感覚以外の他の事象(たとえば血圧上昇)と連関しうるが、正しく書かなければその可能性はない。嘘を織り交ぜて書いた感覚日記の規則性が感覚以外の他の事象(たとえば血圧上昇)と連関していたとしても、それは単なる偶然とされるほかはない。* この連関可能性によって、「E」の言語性が(いわば内容的に)確保されることになる。そして、そのような連関がつけられた暁には、私のEの記憶が普通の意味で正しかったことの確証度が上がることになる(もしそうなれば、今度は、私が記憶力が極めて弱くしかも思い違いをしやすい人間であったならばしばしば違うものをEとみなしてしまう、という可能性の想定が有意味な可能性と考えられうるようにもなるだろう)。

＊　これはもちろん、外界に何かを視認する場合と同じことである。一人の人間のみがつける記録であっても、視認記録は正しく(「誠実に」「嘘でなく」の意味で)なされねば、他の

計測方法で計測される外界の客観的事実との関連可能性は開かれない。

もう一つ注意しておくべき点は、Eとは何であるかを自分の記憶からしか知りえないといっても、その記憶とは、いま現に私が持っているリアルな記憶のみを意味してはいない、という点である。私は、現にそうしたリアルな記憶を持ちながらも、今ではない各時点において(だから当然未来においても)今のそれと同格の権威を持った記憶の原点が存在することを今すでに承認している。当然のことながら、それらは現に存在するこの記憶に(あるいはこの予期に)吸収されてはいない。権限を持つのはその都度の今であってこの今ではない――そのような仕方で、独今論が否定されているのである。すなわち、今の私と各時点の諸私たちとは、言語の意味の同一性を介して、互いに他者として併存している。私と他人たちとがそうであるように。

生起した日時の記録という外的ルートの確保が、他者としての自己自身というこの在り方を成立させることによって、自己自身への言語的伝達を可能ならしめている。その外的ルートはまた、Eをそれと独立に起こる他の事象と関連づけることをも可能にしている。この関連づけにおいては、Eがどのような感覚であるかは、もはや問題にならない。血圧上昇との関連などということをそもそも問題にすることができるのは、生起する時点における対応によってであり、それに尽きる。[*1] 時制化に基づく時間的位置づけによって、このような関連づけの可能性がすでに準備されている。すなわち、Eの客観性はそれが客観的時間へ位置づけられること(およびある特定の人物の誠実な内観であること)から確保されているわけである。[*2] 主観的誠実さが客観的に検証可能なものとなりうるのも、客観的時間への位置づけを媒介にすることによってである。

＊1　別の観点からいえば、このような時点による外的関連づけによって(『なぜ意識は実在しないのか』で使った用語を使うなら)第一次内包を経ずに第〇次内包を第二次内包に直結させることができるわけである。

＊2　感覚以外の他の事象(たとえば血圧上昇)との連関とは、結局、時間的連関である。が、もちろん時刻が特定される必要があるわけではなく、むしろ同時性やその種の連関(例えば必ず一時間後に血圧が上がるとか)が重要であり、恐らくは不可欠である。

3　「E」は書かれなければならない

私的言語「E」において、Eであることと**E**だと思うことは癒着している。しかし、「E」と書くことはそれらと癒着していないのである。野矢茂樹は『語りえぬものを語る』のある箇所で、「ある体験が生じ、自然な反応として私は「E」と書く」(三〇九頁)と書いているが、ある体験の「自然な反応」として口から思わず言葉が出てしまうことはあっても、手が思わず字を書いてしまうことはありそうもない。ここでは「自然な反応」という繋がりはすでに絶たれているのだ。ちなみに、このことこそが、J・デリダが「エクリチュール(文字表記)」という隠喩によって強調した言語の本質である。したがって、その箇所での野矢の主張に反して、書かれた「E」に関して真偽を問うことにはもちろん意味がある。EであることとEだと思うことは癒着しているが、「E」と書くことはそれらと癒着していないからである。感覚日記の書き手は〈Eが起こらなかった＝起こったと思わなかった〉ときに「E」と書き、〈Eが起こった＝起こったと思った〉ときに「E」と書かないことができる。つまり、「私的言語「E」は、私的体験を記述してなどいない」(三一〇頁)という野矢の主張に反して、それは私的体験をまさに記述しているわけである。

事実と思いが癒着しているのに、なぜ言語だけがそこから離れられるのだろうか。例えば、「青い」を考えてみよう。実際には青くないのに青いと思ったり、実際には青いのに青くないと思ったりすることが、もちろんありうる。しかし、それに加えて、実際に青かろうが青くなかろうが、青いと思ったのに「青くない」と言ったり、青くないと思ったのに「青い」と言ったりすることも、またできるだろう。しかし、どちらに関しても二つの項が癒着していて、このような可能性がありえないケースもまた考えられる。今度は「痛い」を考えてみよう。痛みが起こることと痛く感じること(＝痛みが起こったと思うこと)は癒着している。その二つは切り離すことができない、と考えることができる。このときもし、そう感じたなら、「自然な反応」として思わず「痛い」と叫んでしまわざるをえないのであれば、痛みが起こること＝痛く感じることと「痛い」と言うこともまた癒着していることになる。

「E」の場合はどうか。Eが起こることとEが起こったと思うことは同じことなのだから、もちろん完全に癒着しているが、「E」と書くことはそれらから完全に切り離されている。これはすなわち、言語記号を使って「嘘をつく」ことができるということである。嘘をつくことは、野矢も認めるように(三一四頁)言語のみがなしうる仕事である。*

＊　ちなみに、この分類の観点から見れば、「E」ではなく通常の感覚、例えば「痛み」に関しても、もちろん同じことがいえる。「痛み」が存在することと「痛い」と感じることは癒着しているからである。しかし、「痛い」と言うことはそれらと癒着していない。だから、嘘をつくことができ、そういう場合の「嘘」も有意味であると認められている。野

矢は後者の関係にも癒着があって、嘘がつけない場合を「典型事例」と呼び、嘘がつける場合を「周縁事例」と呼ぶが、何を「典型」と見て何を「周縁」と見るかは、何を本質と見るかに応じて変わるだろう。野矢の議論には、第一次内包を特権化する後期ウィトゲンシュタイン・イデオロギーが依然として色濃く影響を与えているように思われる。

ところで、この類型が時間を隔てて(過去向きに)成り立つ興味深い事例が「夢」である。「夢を見た」ことと「夢を見たと思う」ことは癒着している。つまり、目覚めたとき夢を見たと思えば夢を見たのであり、思わなければ見なかったのである。しかし、「夢を見た(見なかった)」と言うことは、それらと癒着していない。だから、「私は夢を見た(見なかった)」という嘘を(また夢の内容についての嘘も)つくことができ、そういう場合の「嘘」も有意味に「嘘」であると認められている。

癒着と切断が「E」とは逆になる場合もあるだろうか。実際にあるかどうかは定かではないが、何らかの客観的な出来事の知覚印象を持った場合には「自然な反応」として必ずそれを指す言葉が口から出てしまう、というような場合を想定すればよいだろう。すなわち、決して嘘はつけないが、偽なることは言える場合である。

「E」の場合と逆の場合とを対比すると、どちらがより言語らしいだろうか。当然「E」ではないだろうか。なぜなら、すでに述べたように、嘘こそがただ言語によってのみ世界にもたらされる事件だからである。偽は、言語などなくとも、世界があってそれを表象する(例えば知覚する)者がいるだけで、単なる「見間違い」のようなものとしてその原初形態が実在しうる。だが、嘘は、言語によって意図的に「つく」ことによってしか成立しない。私的言語問題は、言語のみが可能ならしめるその嘘を、時間の隔たりを利用して、自分自身に「つく」ことを可能ならしめる仕組みを期せずして照らし出している。まさにその可能性によって、われわれは(現在の自分の持つリアルな記憶を超えて実在する)他者としての自己自身に出会えることになり、そのことによって通常理解されている意味での「記憶」が成立し、その結果、通常理解されている意味での人間的な「私」や「自分」が成立することになるのであろう。

4　嘘がつけない言語としての私的言語へ

偽なることを言うことも、嘘をつくことも、もちろん可能である。しかし、偽なることを思うことは可能だが、嘘を思うことは不可能である。もちろん、嘘である内容のことを思い浮かべることはできるが、それはただ思い浮かべているだけで、そう思っているわけではない。嘘を思うことができないのは、嘘が定義上「思っていることに反すること」だからである。したがって、嘘を思うとは概念矛盾となる。もちろん、思っていることに反することを言うことはできる。すなわち、その林檎は青いのに青くないと偽なることを思ったり、青いと思っているのに青くないと嘘をついたりすることはできるが、青いと思っているのに青くないと嘘を思うことはできない、ということである。

このことを偽という観点から見ると、世界に生起するさまざまな事象のうち自分の思いという特殊な事象に関しては、それを誤って表象することができない、ということになる。

しかし、嘘を思うことができないというのは、必ずしもこういう誤表象の不可能性ということではない。表象の必然的な正しさは前提しても、その上でなお、その表象に反することを思うことができない、ということである。すなわち、偽は世界の事象との不一致だから、(その世界の事象がたまたま自分の思いでない限り)それを思うことも言うこともできるが、嘘は思いとの不一致だから、もはやそれを思うことはできず、ただ「つく」ことしかできない、ということである。

この観点から自己を定義するなら、世界の事態を表象してそれが真だったり偽だったりでき、それを他者に向かって語ってそれが本当だったり嘘だったりできるが、その表象様態は偽であることができず(すなわち捉え損ねることができず)、またそれについて自分に嘘をつくこともできないもの、となる。ここで言う自己は私ではない。自己概念がすでに成立していれば、私は諸自己の一例である。しかし、私がその例であることは自己証明できるが、他人がそうであることは私には決してわからない。それはそれぞれ自己証明されるだけである。

だから、当然、嘘は他人に対してしかつけない、と思われるかもしれないが、実はそうではない。時間を隔てた自己は、ただ言語によってのみ伝達可能な他者であって、したがって嘘を「つく」ことが可能な関係を構成するからである。カントが「自己触発」と呼ぶこともこのことに関係しており、また、このことの結果として、この意味での他者を統合した人間的自己が成立するわけである。*

＊　私見では、いわゆる自己欺瞞という問題は自己概念のこの差異に関係しているのだが、それについては別の機会に論じたい。

それ以前の自己は、いわば偽も嘘も入り込む隙間のない完全な自己表象体なので、言語的表象が入り込む隙間がない。したがって、本物の私的言語を例示したければ、自分がいま感じている独特の感覚を指して(それが「自分の感じる独特の感覚を指している」などとは誰にも言わずに)正直にただ「E」と叫べばよい。これは完璧な私的(かつ今的)言語である。そして、これは言語としての機能を持たない。その同じ感覚が繰り返し起こる場合にも、やはりそれは「自分の独特の感覚を指す語」であると人に言ったり、日付と時刻つきの手帳に「E」と書き込んだりはせずに、つまり決して記録せずに、ただそれを感じる度に「E」と言うだけにしておくべきである。いかなる機能も果たしえない本物の(つまり不可能な)私的言語に到達するための制限は意外にきついのである。

そして、たとえそのようにして本物の(つまり不可能な)私的言語に到達できたとしても、それでもなお独我論という問題に到達するまでの距離は遠い。本物の私的言語の問題は、他人の自己に関しても問題なく成立するはずだからである。*

* 他人の自己といっても特定の個人であることは不可能だから、概念としての自己一般と言ったほうがよいかもしれない。

5 独我論の側から私的言語へ

「何が見られていようと、見ているのはつねに私である」といったいわゆる独我論的言明を考えよう。ウィトゲンシュタイン的独我論においては、これを他人に言うことが無意味であるのは他人に意識がないからではなく、「見る」という語で意味することが私と他人で違うからである。私の場合だけ成立している「現実に見えている」というこの驚くべき事態を、私は他人に言葉で伝えることが決してできない。そして、この、私の場合にだけ当てはまるほうの「見える」が私的言語なのである。残念ながら、ここまでのところでさえかなり多くの人に理解されていないのだが、しかし、問題はその先にある。

それなら、この発言は自分自身にとっては有意味だろうか。この場合の「(現実に・実際に・本当に)見える」は、自分自身にとってだけは意味を持つであろうか。一見、自分自身にとってだけは有意味であるように(あるいはむしろ、そこにこそ有意味性の源泉があるように)見える、だが実はその言葉は何の働きも演じてはいない。この事態こそが私的言語問題の原基形態であろう。ここには、ウィトゲンシュタインによってもたらされた、疑う余地なく比類のない哲学的洞察がある。しかし残念ながら、ここまでのところもまたかなり多くの人に理解されていないように私には思われるのである。

しかし、真の問題はさらにその先にあるだろう。この哲学的洞察自体が人に伝えられない、あるいは、もし伝わるとしたら何が伝わるのかがわからない、という問題である。他人(たとえばウィトゲンシュタイン)が書いた文から、この問題を理解することなどがどうしてできようか。まさにそのことの不可能性こそが論点であるのに。

私的言語による感覚日記もまた、私自身がそれを書くと考えなければそもそも問題が始まらない。私が私のこの感覚を指して「E」と呼ぶという体験それ自体から出発して、その体験の疑う余地なき優先性を直接生きているのでなければ、つまり、他人の書く感覚日記が有意味かどうかというような議論の立て方がされてしまえば、問題それ自体が単に概念間の優先争いに陥ってしまう。まさにそうではない、ということこそが問題の出発点であるはずなのに。

問題の核は、その最も肝心なはずの、私自身が感じているこれが、言語的有意味性にまったく関与しないことになる、という点にある。ウィトゲンシュタインの「白のキングの上にかぶせる冠」(『青色本』p.65)とか「箱の中のカブトムシ」(『哲学探究』I-二九三)といった比喩は、すべてこのことを示そうとしている(そして前者はかなり成功している)。ところが、まさにその関与しなさを提示することこそが困難なのだ。私の感じる痛みそのものは「痛み」という語の意味には関与しない、などという言い方ではそれが言えないことは明らかであろう。もう「痛み」と言ってしまっているからだ。だから、「E」という、ただ私の私的感覚だけ指す、擬似的な語を案出して、それが言語的意味の形成に成功しないことを示したい。だが、それができない。他人がその人自身に繰り返し起こる私的感覚に記号を与えてそれをカレンダーに記録するなどという状況設定では、その設定自体が各所ですでにして問題を裏切ってしまっているからである。

つまり、キングにかぶせる冠のような、ゲームに関与しないものの関与しなさを、チェスのような比喩を使ってではなく、言語ゲーム自体において提示したいのだが、その提示はそれ自体が言語ゲームなので、その意味が通じるときにはゲームへの関与を作り出してしまうのだ。為そうとしていることは、それを為そうとするその行為においてすでに為されてしまうので、その行為によってあらためて為すことができない。無いと言ってその無さを指し示したい私的言語は現にもう無いからだ。フッサールの言い回しを使うなら「つねにすでに」ないと言うべきだろう。だがもし、やろうとしたことの挫折によって、何をやろうとしたかが、すなわち何に挫折したかが、示されうるならば、やろうとしたことの意義は理解されうるはずである。だがもし逆に、それでもなお無理に何かを無いと言おうとすれば、在るものを無いと言ってしまうことになるだろう。この場合には、「私的言語批判」などという無意味なイデオロギーが生まれてしまうことになる。ここが、この問題の分水嶺であろう。

6　結語

ウィトゲンシュタイン的独我論を除けば、一般に独我論は反論できないし、そもそも反論する必要などない。世界は事実として独我論的なあり方をしており、私という不思議なものがもし存在しなければ、およそ世界は存在しないのと同じだからだ。

しかし、その独我論的な私は、言語ゲームという観点からは、そのゲームの外部にある無意味な冠のようなものにすぎない。だから、いま述べたことは言語では言えない。だから、実は現に言えていない。そして、ウィトゲンシュタイン的独我論だけが、外界や他人や神とではなく、まさにその言語と対峙しているのだ。ただこのときにのみ独我論は完璧に敗退する。しかしその勝利を、言語は語ることができない。なぜなら、言語が働く際には勝敗はすでに決しており、敗者はすでに存在しないからである。勝利を語ろうとすれば、勇敢に闘って生き残った自分の配下の一部を敗者に仕立ててしまうことになるだろう。

あとがき

本書は、基本的には最近数年間に書いた論文を集めた論文集である。しかし、通常の論文集と違って、人生相談のようなものから、他の本の文庫化に際して付けたあとがきまで、さまざまなものが含まれている。また、最近数年間と言ったが、論文では「ニヒリズムとしての哲学」が、短文では「《私》と《今》」と「「なぜ人を殺してはいけないのか」という問いは哲学的な問いか」が、一〇年以上まえのもので、この三つは他のものと発表時期が少し離れている。内容的にはさまざまなテーマのものが含まれているが、お読みいただければ分かるように、様々なテーマを貫いて論旨にかなり強い一貫性・連続性があるので、このような論文集が編成され、全体を通読していただけることは私にとって大きな喜びである。

初出情報を兼ねて、それぞれの文章の書かれた経緯を述べておきたい(配列の仕方にはそれほどの強い根拠はないので、どこから読まれても、また摘み食い的に読まれても、それはまったく問題ない)。「悩みのレッスン」を除いて、今回読み直して意味が通じにくいと思われたところには若干の加筆修正を施してある。

「0 人生」は、「悩みのレッスン」という表題の下に、『朝日新聞』の夕刊に二〇〇八年四月一一日から二〇〇八年九月二六日までの半年間、ほぼ一月に一回程度の間隔で連載されたものである。一〇代の若者の人生相談のようなものへの応答だが、「悩み」というよりは「疑問」に答えるという趣旨であったと思う。この連載を始めるや、講演等の仕事の依頼がどっと来たりして、面倒なので半年でやめてしまった(「文化人」にはなりたくないものである)。

「I 自己」

「第1章 〈私〉が存在することの意味」は、二〇〇八年一一月一日に桐光学園高等学校において行われた高校生向きの講演である。『学問のツバサ―― 13歳からの大学授業・桐光学園特別授業2』(水曜社、二〇〇九年)に、録音を起こして文章化したものが収められていたが、今回それをもともとの話体(ですます調)に改めた(その後、『考える方法』ちくまプリマー新書、二〇一五年に収録)。

「第2章 自己という概念に含まれている矛盾」は、二〇一〇年一二月一一日に開かれた、河合文化教育研究所主催の第一〇回河合臨床哲学シンポジウム「自己‐語りとしじま」における講演であるが、この講演はもともと原稿を読み上げる形でなされ、その原稿が、まずは『精神科学』第四九号(二〇一一年)に掲載され、次いで木村敏・野家啓一監修『「自己」と「他者」――臨床哲学の諸相』(河合文化教育研究所、二〇一三年)に転載された。

第1章は高校生向きの講演であるから誰にとっても理解は容易であろうが、第2章は専門的な論文であるから多くの人にとって難解に感じられるかもしれない。第2章が難しく感じられる方は、飛ばして次の小文に、さらにⅡやⅢに、進まれてかまわない(とりわけ第5章を先に読まれれば理解はずっと容易になるであろう)。とはいえ、Ⅰにおいて私が哲学的に主張したい内容は第1章にではなく第2章にあることは知っておいていただきたい(そして後からでもよいので読み返していただきたい)。第1章はこれから論じられるべき哲学的問題への導入にすぎない。

「翔太と由美の修学旅行」は、その冒頭に書かれているような経緯によって、『ちくま』第四三八号(二〇〇七年九月)に掲載された。

「Ⅱ　倫理」

「第3章　ニヒリズムとしての哲学」は、竹内整一・古東哲明編『ニヒリズムからの出発』(叢書＝倫理学のフロンティア8、ナカニシヤ出版、二〇〇一年)に掲載された。古いもので、経緯についてはあまり記憶がない。今回読み返して、ところどころで自分が書いたとは思えない文言に出会ってぎょっとした。また、文体は明らかに現在のものとは違っている。

「第4章　馬鹿げたことは理にかなっている」は、その冒頭に書かれているような経緯によって、「社会問題を超える／の根底にある哲学的な問い」という副題つきで、東浩紀・北田暁大編『思想地図』第五巻(日本放送出版協会、二〇一〇年)に掲載された。

「「なぜ人を殺してはいけないのか」という問いは哲学的な問いか」は、「人殺しなぜいけないのか」という原題で、二〇〇〇年一二月一〇日(日曜日)、『日本経済新聞』朝刊読書欄の「今を読み解く」という欄に掲載された。これまた古いものだが、第3章と第4章(およびこれ以下の三つの短文)を繋ぐ意味とともに、その後に起こることになる諸事件を予見する意味もあるので再録した。

「主客逆転の問題からの再考」は、小泉義之氏との共著『なぜ人を殺してはいけないのか？』(河出文庫、二〇一〇年)の文庫化に際して付された「文庫版あとがき」の再録である。

「道徳の腹話術」は、『子どものための哲学対話』(講談社文庫、二〇〇九年)の文庫化に際して付された「文庫版あとがき」である。田島正樹氏の「文庫版解説」に応答する意味が込められているが、ここでは文脈を置き直してみた。

「Ⅲ　存在」

「第5章　現実性について」は、『精神科学』第四六号(二〇〇八年)に掲載された。これは前年(二〇〇七年)一二月一日の日本大学哲学会第五八回学術研究発表会における発表(新しく赴任した教員はその年に発表するという慣例に基づく)を論文化したものである。本書所収の諸論文を総括する位置にある中心的な論文なので、たとえば倫理的な問題にしか興味がないという方も、これだけは必ず読んでいただきたい。

「第6章　なぜ世界は存在するのか――なぜわれわれはこの問いを問うことができないのか」は、岩波講座哲学第二巻『形而上学の現在』(岩波書店、二〇〇八年)に掲載された。「何もないのではなく、ともあれ何かが在るのはなぜか」という形而上学の中でも最も形而上学的な主題を(なぜか)私に割り当ててくれた、この講座の編集委員の方々に感謝している。

「過去はどこに行っちゃったの?」は『Dream Navi』二〇一二年一月号に、「神様っているのかなあ?」は同じく『Dream Navi』二〇一三年二月号に掲載された。『Dream Navi』は、四谷大塚が発行している中学受験を目指す親子を対象とした教育情報雑誌で、そこに「子どもの難問——哲学者の先生、答えてください」というコーナーがあって、毎回二人の哲学者がさまざまな哲学的問題について答えている。これらはその第七回と第二〇回で、もう一人の回答者は前者が野家啓一氏、後者が田島正樹氏であった。

「Ⅳ　言語」

「第7章　語りえぬものを示す(1)——野矢茂樹『語りえぬものを語る』一八章における私的言語論の批判」は、『哲学雑誌』第一二七巻七九九号(二〇一二年)に掲載された。

「第8章　語りえぬものを示す(2)——時間を隔てた他者の可能性としての私的言語の可能性」は、『精神科学』第五〇号(二〇一二年)に掲載された。

これらはともに、二〇一一年一二月四日に開かれた哲学会第五〇回研究発表大会のシンポジウム「〈語りえぬもの〉をめぐって」における発表に由来する。他のシンポジストは野矢茂樹氏と入不二基義氏であった。

二〇一三年一月四日

永井　均

岩波現代文庫版あとがき

これは二〇一三年の三月にぷねうま舎から出版された『哲学の密かな闘い』の新版である。新版とはいっても、収録した文章の選択に多少の変更がある以外、収録されている文章の内容には(軽微な修正を除いて)本質的な変更はない。

その唯一の例外は第1章の「〈私〉が存在することの意味」である。この文章が成立した元来の経緯は「あとがき」にあるとおりだが、その後これは『考える方法　中学生からの大学講義2』(ちくまプリマー新書、二〇一五年)に再々録された。その際に私はさらなる修正を施していたので、今回の文庫化にあたってはこの再々修正版によることにした。より誤解の余地の少ないものとなっていると思う。

Ⅲの最後のコラムのタイトルが変わっているが、これはその直前にある(同じ論集からの)コラムのタイトルの付け方にあわせて、問いそのものをタイトルにしたことによる。

収録した文章の選択における変更は、以下のとおりである。

Ⅰでは、ぷねうま舎版にあった「《私》と《今》――中心化された世界」を外して、代わりにより新しい「自分とは何か――存在の孤独な祝祭」と「〈今〉と〈私〉の謎」を入れた。前者は、『知のスクランブル』(ちくま新書、二〇一七年)のために書き下ろしたものであり、後者は講談社のPR雑誌『本』(二〇一七年三月号)に載ったものである。

前者は、第1章と同様に高校生向けに書かれたものであり、内容的にも第1章と相補的なものとなっている(こちらのほうが私の新しい考えが盛り込まれているが)。後者は、元来は拙訳マクタガート『時間の非実在性』(講談社学術文庫、二〇一七年)の内容紹介の文章(のはず)だったが、その訳書自体、私の解説が大半を占めるものであったため、実際には私自身の問題意識の中核を簡潔に提示しており、とりわけ今回削除した「《私》と《今》――中心化された世界」の《今》のほうの問題については、それを補ってより新しい考えを示すことになっていると思う。

Ⅱでは、「主客再逆転の秘義」を、「主客逆転の問題からの再考」と内容的に重なるところが多く、後者だけでもじゅうぶんに理解が得られると判断して、今回は外すことにした。

Ⅲは、前述のタイトルの変更以外はそのままである。

Ⅳでは、最後にあった、中山康雄氏の『示される自己』(春秋社、二〇一二年)にかんする「哲学的「対決」はいかになされるべきか」という文章を、すでに役割を終えたものと判断して外した。第7章も同様に論争的な性格のものであり、その後に出版された野矢氏の『心という難問』(講談社、二〇一六年)にはこれに対する反論が含まれているが、そこに提示された野矢氏の新たな自己解釈は原論文の解釈としては相当に無理があると思うので、いまだ役割を終えていないものと判断してそのまま収録した。

二〇一八年一月

永井　均

本書は二〇一三年三月、ぷねうま舎より刊行された。現代文庫版刊行にあたり、若干の収録論文の追加・削除を行った(詳細は「岩波現代文庫版あとがき」参照)。底本には、第1章「〈私〉が存在することの意味」は、『考える方法〈中学生からの大学講義〉2』(ちくまプリマー新書、二〇一五年二月)に再収録されたものを使用したが、それ以外はぷねうま舎版を使用した。

新版 哲学の密かな闘い

2018年3月16日　第1刷発行

著　者　永《なが》井《い》　均《ひとし》

発行者　岡本　厚

発行所　株式会社 岩波書店
〒101-8002 東京都千代田区一ツ橋 2-5-5

案内 03-5210-4000　営業部 03-5210-4111
現代文庫編集部 03-5210-4136
http://www.iwanami.co.jp/

印刷・精興社　製本・中永製本

ISBN 978-4-00-600379-1　　Printed in Japan

岩波現代文庫の発足に際して

新しい世紀が目前に迫っている。しかし二〇世紀は、戦争、貧困、差別と抑圧、民族間の憎悪等に対して本質的な解決策を見いだすことができなかったばかりか、文明の名による自然破壊は人類の存続を脅かすまでに拡大した。一方、第二次大戦後より半世紀余の間、ひたすら追い求めてきた物質的豊かさが必ずしも真の幸福に直結せず、むしろ社会のありかたを歪め、人間精神の荒廃をもたらすという逆説を、われわれは人類史上はじめて痛切に体験した。

それゆえ先人たちが第二次世界大戦後の諸問題といかに取り組み、思考し、解決を模索したかの軌跡を読みとくことは、今日の緊急の課題であるにとどまらず、将来にわたって必須の知的営為となるはずである。幸いわれわれの前には、この時代の様ざまな葛藤から生まれた、人文、社会、自然諸科学をはじめ、文学作品、ヒューマン・ドキュメントにいたる広範な分野のすぐれた成果の蓄積が存在する。

岩波現代文庫は、これらの学問的、文芸的な達成を、日本人の思索に切実な影響を与えた諸外国の著作とともに、厳選して収録し、次代に手渡していこうという目的をもって発刊される。いまや、次々に生起する大小の悲喜劇に対してわれわれは傍観者であることは許されない。一人ひとりが生活と思想を再構築すべき時である。

岩波現代文庫は、戦後日本人の知的自叙伝ともいうべき書物群であり、現状に甘んずることなく困難な事態に正対して、持続的に思考し、未来を拓こうとする同時代人の糧となるであろう。

（二〇〇〇年一月）

G307-308
コロンブスからカストロまで（Ⅰ・Ⅱ）
―カリブ海域史、一四九二―一九六九―
E・ウィリアムズ
川北　稔訳
帝国主義に侵され、分断されてきたカリブ海域の五世紀に及ぶ歴史を、同地出身の黒人歴史家で卓越した政治指導者が描く。

G309
中　国　再　考
その領域・民族・文化
葛　兆光
辻康吾監修
永田小絵訳
現在の中国は歴史的にいかに形成されたのか。歴史を考察して得られる理性によって民族主義的情緒を批判し、他国民と敬意をもって共存する道を探る。

G310
音楽史と音楽論
柴田南雄
人類史において音楽はどう変遷してきたか。本書は日本を軸に東洋・西洋の音楽史を共時的に比較する。実作と理論活動の精髄を凝縮。〈解説〉佐野光司

G311
医学者は公害事件で何をしてきたのか
津田敏秀
水俣病などの公害事件で、非科学的な論理を展開し被害者を切り捨ててきた学者の言動を検証し、その後の情報を加えた改訂版。

G312
過去は死なない
―メディア・記憶・歴史―
テッサ・モーリス-スズキ
田代泰子訳
長き論争を超えて、歴史への新たな対話はいかに可能か。過去のイメージを再生産する小説や映画など諸メディアの歴史像と対峙する。〈解説〉成田龍一

岩波現代文庫［学術］

G313
デカルト『方法序説』を読む
谷川多佳子

このあまりにも有名な著作の思索のプロセスとその背景を追究し、デカルト思想の全体像を平明に読み解いてゆく入門書の決定版。

G314
デカルトの旅／デカルトの夢
—『方法序説』を読む—
田中仁彦

謎のバラ十字団を追うデカルトの青春彷徨と「炉部屋の夢」を追体験し、『方法序説』に結実した近代精神の生誕のドラマを再現。

G315
法華経物語
渡辺照宏

『法華経』は、代表的な大乗経典であり、仏教の根本テーマが、長大な物語文学として語られる。仏教学の泰斗による『法華経』入門のための名著。

G316
フロイトとユング
—精神分析運動とヨーロッパ知識社会—
上山安敏

精神分析運動の創始者フロイトと集合的無意識の発見者ユング。二人の出会いと別離に潜む現代思想のドラマをヴィヴィッドに描く。〈解説〉鷲田清一

G317
原始仏典を読む
中村　元

原始仏典を読みながら、釈尊の教えと生涯を平明に解き明かしていく。仏教の根本的思想が、わかり易く具体的に明らかにされる。

2018.3

G318
古代中国の思想
戸川芳郎

中国文明の始まりから漢魏の時代にいたる思想の流れを、一五のテーマで語る概説書。年表のほか詳細な参考文献と索引を付す。

G319
丸山眞男を読む
間宮陽介

丸山眞男は何を問い、その問いといかに格闘したのか。通俗的な理解を排し、「現代に生きる」ラディカルな思索者として描き直す、スリリングな力作論考。

G320
『維摩経』を読む
長尾雅人

汚濁の現実の中にあって。在家の人々を救うことを目的とした『維摩経』こそ、現代人にふさわしい経典である。経典研究の第一人者が読み解く。〈解説〉桂　紹隆

G321
イエスという経験
大貫　隆

イエスその人の言葉と行為から、その経験の全体像にせまる。原理主義的な聖書理解に抗してイエス物語を読みなおす野心的な企て。

G322
『涅槃経』を読む
高崎直道

釈尊が入滅する最後の日の説法を伝える経典。「仏の永遠性」など大乗仏教の根本真理が語られる。経典の教えを、分かりやすく解読する。〈解説〉下田正弘

岩波現代文庫[学術]

G323
世界史の構造
柄谷行人

世界史を交換様式の観点から捉え直し、人類社会の秘められた次元を浮かび上がらせた本書は、私たちに未来への構想力を回復させる。ロングセラーの改訂版。

G324
生命の政治学
―福祉国家・エコロジー・生命倫理―
広井良典

社会保障、環境政策、生命倫理――別個に扱われがちな課題を統合的に考察。新たな人間理解の視座と定常型社会を進める構想を示す。

G325
戦間期国際政治史
斉藤孝

二つの世界大戦の間の二〇年の国際政治史を、各国の内政史、経済史、社会史、思想史などの諸分野との関連で捉える画期的な概説書。〈解説〉木畑洋一

G326
十字架と三色旗
―近代フランスにおける政教分離―
谷川稔

フランス革命は人びとの生活規範をどう変えたのか？　革命期から現代まで、カトリック教会と共和派の文化的ヘゲモニー闘争のあとをたどる。

G327
権力政治を超える道
坂本義和

権力政治は世界が直面している問題の解決にならない。これに代わる構想と展望を市民の視点から追求してきた著者の論考を厳選。〈解説〉中村研一

2018. 3

岩波現代文庫［学術］

G328
シュタイナー哲学入門
——もう一つの近代思想史——
高橋　巖

近代思想の根底をなす霊性探求の学・神秘学、その創始者が明らかにした「もう一つの」近代思想史。シュタイナー思想を理解するための最良の書。〈解説〉若松英輔

G329
朝鮮人BC級戦犯の記録
内海愛子

日本の戦争責任の末端を担って戦犯に問われた朝鮮人一四八人。その多くが監視員として過ごした各地の俘虜収容所で、何が起こっていたのか。

G330
ユング
魂の現実性《リアリティー》
河合俊雄

ユングはなぜ超心理学、錬金術、宗教など神秘主義的な対象を取り上げたのか。その独自でラディカルな思想に真正面から取り組んだ知的評伝。

G331
福沢諭吉
ひろたまさき

「一身独立」を熱く説き、日本の近代への転換を体現した福沢諭吉。激動の生涯を克明に跡づけ、その思想的転回の意味を歴史の中で問い直す評伝。〈解説〉成田龍一

G332-333
中江兆民評伝（上・下）
松永昌三

時代を先取りした兆民の鋭い問題提起は、いまなおその輝きを失っていない。画期的な『全集』の成果を駆使して〝操守ある理想家〟の苦闘の生涯を活写した、決定版の伝記。

2018.3

岩波現代文庫[学術]

G334
差異の政治学 新版
上野千鶴子

「われわれ」と「かれら」、「内部」と「外部」との間にひかれる切断線の力学を読み解き、フェミニズムがもたらしたパラダイム・シフトの意義を示す。

G335
発情装置 新版
上野千鶴子

ヒトを発情させる、「エロスのシナリオ」を徹底解読。時代ごとの性風俗やアートから、性のアラレもない姿を堂々と示す迫力の一冊。

G336
権力論
杉田　敦

われわれは権力現象にいかに向き合うべきか。『思考のフロンティア　権力』と『権力の系譜学』を再編集。権力の本質を考える際の必読書。

G337
境界線の政治学 増補版
杉田　敦

国家の内部と外部、正義と邪悪、文明と野蛮の境界線にこそ政治は立ち現れる。近代の政治理解に縛られる我々の思考を揺さぶる論集。

G338
ジャングル・クルーズにうってつけの日
―ヴェトナム戦争の文化とイメージ―
生井英考

アメリカにとってヴェトナム戦争とはどのような経験だったのか。様々な表象を分析しながら戦争の実相を多面的に描き、その本質に迫る。

2018.3

岩波現代文庫［学術］

G339
書誌学談義 江戸の板本
中野三敏
江戸の板本を通じて時代の手ざわりを実感するための基礎知識を、近世文学研究の泰斗がわかりやすく伝授する、和本リテラシー入門。

G340
マルク・ブロックを読む
二宮宏之
現代歴史学に革命をおこし、激動の時代を生きたブロック。その波瀾万丈な生涯の軌跡と作品世界についてフランス史の碩学が語る。〈解説〉林田伸一

G341
日本語文体論
中村 明
日本語の文体の特質と楽しさを具体的に分かり易く説いた一冊。日本語の持つ魅力、楽しさが、作家の名表現を紹介しながら縦横に語られる。

G342
歴史を哲学する
―七日間の集中講義―
野家啓一
「歴史的事実」とは何か？ 科学哲学・分析哲学の視点から「歴史の物語り論」「歴史修正主義論争」など歴史認識の問題をリアルな講義形式で語る、知的刺激にあふれた本。

G343
南部百姓命助の生涯
―幕末一揆と民衆世界―
深谷克己
幕末東北の一揆指導者・命助の波瀾の生涯をたどり、人々の暮らしの実態、彼らの世界観、時代のうねりを生き生きと描き出す。

2018. 3

岩波現代文庫[学術]

G344
〈物語と日本人の心〉コレクションⅠ
源氏物語と日本人 ―紫マンダラ―
河合隼雄
河合俊雄編

『源氏物語』の主役は光源氏ではなく、紫式部だった？　臨床心理学の視点から、現代社会を生きる日本人が直面する問題を解く鍵を提示。〈解説〉河合俊雄

G345
〈物語と日本人の心〉コレクションⅡ
物語を生きる ―今は昔、昔は今―
河合隼雄
河合俊雄編

日本の王朝物語には、現代人が自分の物語を作るための様々な知恵が詰まっている。河合隼雄が心理療法家独特の視点から読み解く。〈解説〉小川洋子

G346
〈物語と日本人の心〉コレクションⅢ
神話と日本人の心
河合隼雄
河合俊雄編

日本人の心性の深層に存在する日本神話の意味と魅力を、世界の神話・物語との比較の中で分析し、現代社会の課題を探る。〈解説〉中沢新一

G347
〈物語と日本人の心〉コレクションⅣ
神話の心理学 ―現代人の生き方のヒント―
河合隼雄
河合俊雄編

神話の中には、生きるための深い知恵が詰まっている！　現代人が人生において直面する悩みの解決にヒントを与える「神々の処方箋」。〈解説〉鎌田東二

G348
〈物語と日本人の心〉コレクションⅤ
昔話と現代
河合隼雄
河合俊雄編

昔話に出てくる殺害、自殺、変身譚、異類聟、夢などは何を意味するのか。現代人の心の課題を浮き彫りにする論集。岩波現代文庫オリジナル版。〈解説〉岩宮恵子

2018.3

岩波現代文庫［学術］

G349
〈物語と日本人の心〉コレクションⅥ 定本 昔話と日本人の心
河合隼雄
河合俊雄編
ユング心理学の視点から、昔話のなかに日本人独特の意識を読み解く。著者自身による解題を付した定本。〈解説〉鶴見俊輔

G350
改訂版 なぜ意識は実在しないのか
永井均
「意識」や「心」が実在すると我々が感じる根拠とは？　古くからの難問に独在論と言語哲学・分析哲学の方法論で挑む。進化した永井ワールドへ誘う全面改訂版。

G351-352
定本 丸山眞男回顧談（上・下）
松沢弘陽
植手通有編
平石直昭
自らの生涯を同時代のなかに据えてじっくりと語りおろした、昭和史の貴重な証言。読解に資する注を大幅に増補した決定版。下巻に人名索引、解説（平石直昭）を収録。

G353
宇宙の統一理論を求めて
―物理はいかに考えられたか―
風間洋一
太陽系、地球、人間、それらを造る分子、原子、素粒子。この多様な存在と運動形式をどのように統一的にとらえようとしてきたか。科学者の情熱を通して描く。

G354
トランスナショナル・ジャパン
―ポピュラー文化がアジアをひらく―
岩渕功一
一九九〇年代における日本の「アジア回帰」を通して、トランスナショナルな欲望と内向きのナショナリズムとの危うい関係をあぶり出した先駆的研究が最新の論考を加えて蘇る。

2018. 3

G355
ニーチェかく語りき
三島憲一

ニーチェを後世の芸術家や思想家はどう読んだのか。ハイデガーや三島由紀夫らが共感した言葉を紹介し、ニーチェ読解の多様性を論ずる。岩波現代文庫オリジナル版。

G356
江戸の酒
―つくる・売る・味わう―
吉田元

酒づくりの技術が確立し、さらに洗練されていった江戸時代の、日本酒をめぐる歴史・社会・文化を、史料を読み解きながら精細に描き出す。〈解説〉吉村俊之

G357
増補 日本人の自画像
加藤典洋

日本人というまとまりの意識によって失われたものとは何か。開かれた共同性に向けた、「内在」から「関係」への〝転轍〟は、どのようにして可能となるのか。

G358
自由の秩序
―リベラリズムの法哲学講義―
井上達夫

「自由とは何か」を理解するには、「自由」を可能にする秩序を考えなくてはならない。法哲学の第一人者が講義形式でわかりやすく解説。

G359-360
「萬世一系」の研究(上・下)
―「皇室典範的なるもの」への視座―
奥平康弘

新旧二つの皇室典範の形成過程を歴史的に検証、日本国憲法下での天皇・皇室のあり方について議論を深めるための論点を提示する。〈解説〉長谷部恭男(上)、島薗進(下)

2018. 3

G361
日本国憲法の誕生 増補改訂版
古関彰一
第九条制定の背景、戦後平和主義の原点を見つめながら、現憲法制定過程で何が起きたかを解明。新資料に基づく知見を加えた必読書。

G363
語る藤田省三
—現代の古典をよむということ—
竹内光浩
本堂明
武藤武美 編
ラディカルな批評精神をもって時代に対峙し続けた「談論風発」の人・藤田省三。その鮮烈な「語り」の魅力を再現する。岩波現代文庫オリジナル版。〈解説〉宮村治雄

G364
レヴィナス
—移ろいゆくものへの視線—
熊野純彦
レヴィナスが問題とした「時間」「所有」「他者」とは何か？ 難解といわれる二つの主著のテクストを丹念に読み解いた名著。〈解説〉佐々木雄大

G365
靖国神社
—「殉国」と「平和」をめぐる戦後史—
赤澤史朗
戦没者の「慰霊」追悼の変遷を通して、国家観・戦争観・宗教観こそが靖国神社をめぐる最大の争点であることを明快に解き明かす。〈解説〉西村 明

G366
貧困と飢饉
アマルティア・セン
黒崎 卓
山崎幸治 訳
世界各地の「大飢饉」の原因は、食料供給量の不足ではなく人々が食料を入手する権原(能力と資格)の剥奪にあることを実証した画期的な書。

2018. 3

G367
アイヒマン調書
―ホロコーストを可能にした男―
ヨッヘン・フォン・ラング編
小俣和一郎訳

ナチスによるユダヤ人殺戮のキーマン、アイヒマン。八カ月、二七五時間にわたる尋問調書から浮かび上がるその人間像とは?〈解説〉芝 健介

G368
新版 はじまりのレーニン
中沢新一

西欧形而上学の底を突き破るレーニンの唯物論はどのように形成されたのか。ロシア革命一〇〇年の今、誰も書かなかったレーニン論が蘇る。

G369
歴史のなかの新選組
宮地正人

信頼に足る史料を駆使して新選組のリアルな実像に迫り、幕末維新史のダイナミックな構造の中でとらえ直す、画期的〝新選組史論〟。「浪士組・新徴組隊士一覧表」を収録。

G370
新版 漱石論集成
柄谷行人

思想家柄谷行人にとって常に思考の原点であった漱石に関する評論、講演録等を精選し、集成。同時代の哲学・文学との比較など多面的な切り口からせまる漱石論の決定版。

G371
ファインマンの特別講義
―惑星運動を語る―
D・L・グッドスティーン
J・R・グッドスティーン
砂川重信訳

知られざるファインマンの名講義を再現。三角形の合同・相似だけで惑星の運動を説明。再現にいたる経緯やエピソードも印象深い。

2018. 3

岩波現代文庫[学術]

G372
ラテンアメリカ五〇〇年
―歴史のトルソー―
清水透

ヨーロッパによる「発見」から現代まで、約五〇〇年にわたるラテンアメリカの歴史を、独自の視点から鮮やかに描き出す講義録。

G373
〈仏典をよむ〉1
ブッダの生涯
中村元
前田專學監修

誕生から悪魔との闘い、最後の説法まで、ブッダの生涯に即して語り伝えられている原始仏典を、仏教学の泰斗がわかりやすくよみ解く。〈解説〉前田專學

G374
〈仏典をよむ〉2
真理のことば
中村元
前田專學監修

原始仏典で最も有名な「法句経」、仏弟子たちの「告白」、在家信者の心得など、人の生きる指針を説いた数々の経典をわかりやすく解説。〈解説〉前田專學

G377
済州島四・三事件
―「島《タムナ》のくに」の死と再生の物語―
文京洙

一九四八年、米軍政下の朝鮮半島南端・済州島で多くの島民が犠牲となった凄惨な事件。長年封印されてきたその実相に迫り、歴史と真実の恢復への道程を描く。

G378
平面論
―一八八〇年代西欧―
松浦寿輝

イメージの近代は一八八〇年代に始まる。さまざまな芸術を横断しつつ、二〇世紀の思考の風景を決定した表象空間をめぐる、チャレンジングな論考。〈解説〉島田雅彦

岩波現代文庫[学術]

G379

新版 哲学の密かな闘い

永井均

人生において考えることは闘うこと——哲学者・永井均の、「常識」を突き崩し、真に考える力を養う思考過程がたどれる論文集。

2018. 3